Ratgeber Glaukom

Zur Person des Verfassers:
Dr. med. Dr. phil. Ronald D. Gerste ist Augenarzt und freier Jounalist und arbeitet in einer augenärztlichen Gemeinschaftspraxis in einer rheinischen Großstadt. Er ist Generalsekretär des Initiativkreises zur Glaukom-Früherkennung e.V.

Dr. Dr. Ronald Gerste

Ratgeber Glaukom

Alles was man über das Glaukom (Grüner Star) wissen muß

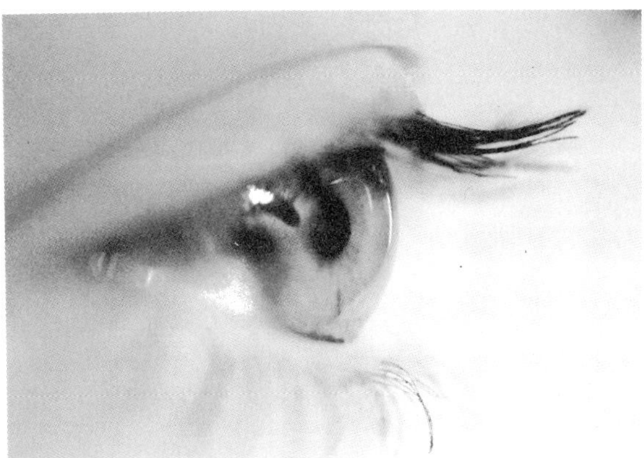

Mit einem Vorwort von
Prof. Dr. G. K. Krieglstein

ad manum medici

Fotos: Initiativkreis Glaukom-Früherkennung e. V., Meerbusch
Schau, Schau - Pressebüro fürs Auge, Germering.

Verlag für Medizin und Naturwissenschaften
Finkenstraße 13, D-82110 Germering

2. unveränderte Auflage 1997

DTP-Produktion: Servicebüro O. Kürth, Grafrath
Printed in Germany by Lipp Graphische Betriebe, München

ISBN 3-928027-16-6

Inhalt

Vorwort

Das chronische Glaukom ist eine der häufigsten Erblindungsursachen in der industrialisierten Welt. Dies müßte nicht so sein, würde man diese heimtückische Augenerkrankung bei der überwiegenden Mehrzahl der betroffenen Patienten in einem Frühstadium entdecken, wenn unter Einsatz aller Behandlungsmöglichkeiten die Erblindung mit großer Wahrscheinlichkeit vermeidbar ist. Da das chronische Glaukom eine symptomarme Augenerkrankung ist, ist der Schlüssel zur Prävention der Glaukomerblindung die Suche nach den Früh- und Vorstadien der Erkrankung. Dies bedeutet wiederum, daß sich der gefährdete Mitbürger der Suche nach dieser Augenerkrankung anbieten muß und die in unserem Lande vorzügliche augenärztliche Versorgung hierzu in Anspruch nimmt. Dies setzt jedoch einen geeigneten Informationsstand bei der Bevölkerung und insbesondere bei den sogenannten Risikogruppen über die Natur und die gebotene Behandlung dieser Augenerkrankung voraus. Damit definiert sich ein erstes Anliegen des vorliegenden Ratgeber-Büchleins.

Aber auch dem Patienten mit einer diagnostizierten Glaukomerkrankung soll es eine wichtige Überzeugungshilfe sein für eine konsequente, lebenslange Behandlung. Die Bedrohung zu erkennen, die gebotenen Behandlungswege einzusehen und zu akzeptieren sowie sich der augenärztlichen Fürsorge anzuvertrauen, sind die Eckpfeiler einer Vorbeugung gegen Glaukomerblindung, die leider immer noch häufig auftritt. Aus diesem Grunde wendet sich dieser Ratgeber sowohl an den Gesunden, aus dem ein Glaukompatient werden könnte, wie auch an den Erkrankten. Information und Aufklärung ist der erste, entscheidende Schritt zu einer erfolgreichen Therapie. Hierfür einen relevanten Beitrag zu leisten ist Sinn und Zweck dieses Büchleins in der stillen Hoffnung, daß es eine große Verbreitung finden möge und das Interesse seiner Leser in einer Weise weckt, daß mit Hilfe der Augenärzteschaft die Aufdeckungsrate des chronischen Glaukoms in der Bevölkerung verbessert werden kann und wir zunehmend mehr unsere Glaukompatienten vor einer Erblindung bewahren können.

Köln, Juni 1995 *Prof. Dr. med. G. K. Krieglstein*

I. Die Krankheit

Das Glaukom ist eine der gefährlichsten Augenerkrankungen und auch eine der wichtigsten Erblindungsursachen. Trotz seiner Bedeutung und obwohl – oder gerade weil – wir durch Druck- und elektronische Medien mit Informationen im allgemeinen, und zur Gesundheit und Medizin im besonderen, förmlich überflutet werden, gibt es in der Öffentlichkeit große Wissenslücken über dieses Leiden, das im besten Sinne eine Volkskrankheit ist. Umfragen haben ergeben, daß nur ein erschreckend kleiner Teil der Bevölkerung ein halbwegs akzeptables Wissen über diese Krankheit aufweist. Zusätzliche Verunsicherung rührt daher, daß das Glaukom im Volksmund als »Grüner Star« bezeichnet wird und es daher sehr leicht zur Begriffsverwirrung kommt. Gibt es doch mit dem »Grauen Star« noch ein – allerdings anatomisch wie von der Therapie her gänzlich anderes – Augenleiden ähnlichen Namens.

> *❞ In der Bevölkerung herrscht ein großes Defizit an Information über das Auge und seine Erkrankungen. ❝*

Dieses Büchlein soll dazu beitragen, Fragen zu beantworten, Fragen, die sich Betroffene und ihre Familien stellen. Es soll aber auch Informationen geben für interessierte Leser, die sich mit dieser Krankheit, die das wichtigste Sinnesorgan des Menschen bedroht, auseinandersetzen möchten, bevor es zu spät ist. Bevor sich

> *❞ Jeder Dritte weiß nichts von seiner Augenkrankheit. ❝*

nämlich ein Glaukom unbemerkt entwickelt, nicht rechtzeitig behandelt und damit das Auge in einem Ausmaß irreversibel geschädigt wird, wie es angesichts heutigen medizinischen Kenntnisstandes und moderner Behandlungsmöglichkeiten in den allermeisten Fällen glücklicherweise vermeidbar ist. Denn wie so oft im Leben gilt auch hinsichtlich der Prophylaxe und der Therapie des Glaukoms: ***Wissen ist der erste Schritt, um Fehler zu vermeiden***.

Eine Krankheit mit vielen Fragezeichen

Den Grünen Star, das Glaukom, zu definieren und zu beschreiben, ist gar nicht so einfach. Eine etwas grobe Charakterisierung lautet: ***Der Augeninnendruck ist zu hoch***. Doch diese Definition beschränkt sich nur auf die offensichtliche und leicht meßbare Eigenschaft dieses Leidens. Vieles ist jedoch noch unklar. So spielt offenbar die Blutversorgung des Auges eine größere Rolle als früher angenommen. Obwohl das Krankheitsbild seit über hundert Jahren bekannt ist, hat die Wissenschaft längst nicht alle Fragen beantworten können, vieles am Glaukom bleibt nach wie vor geheimnisvoll.

In Ermangelung einer eindeutigeren Beschreibung nennen die Ärzte das Glaukom heute eine Schädigung des Sehnerven, hervorgerufen durch dessen Intoleranz gegenüber dem im Auge herrschenden Druck.

Um zu verdeutlichen, was damit gemeint ist, ist eine kleine Exkursion in die Anatomie des Sehorgans

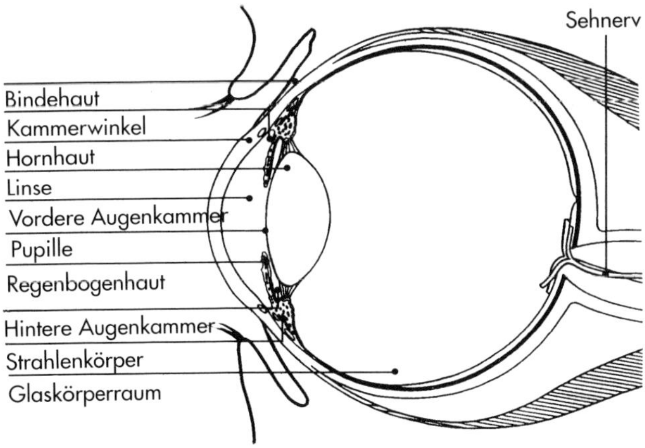

Schnitt durch den Augapfel.

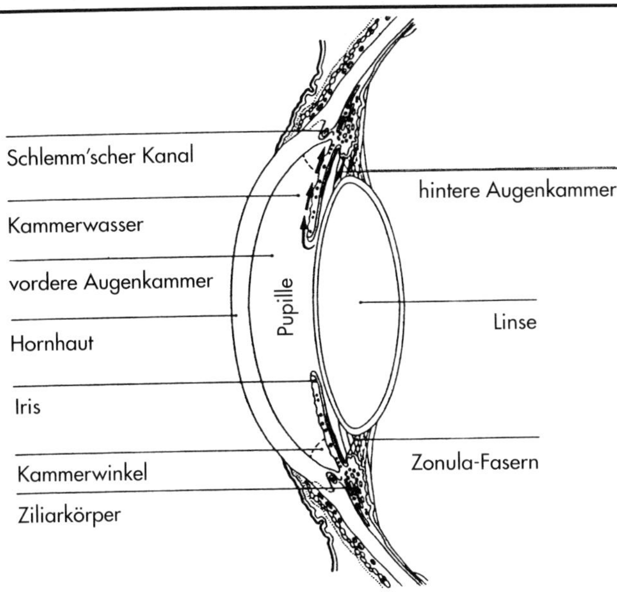

Querschnitt durch den vorderen Teil des Augapfels.

notwendig. Das Auge wird nach außen von der Hornhaut begrenzt, der transparenten und recht widerstandsfähigen Hülle, durch die ein eintreffender Lichtstrahl fällt, bevor er auf seinem Weg ins Augeninnere die Linse passiert, um schließlich auf der Netzhaut aufzutreffen. Hier wird das Gesehene von Millionen feinster, lichtempfindlicher Nervenzellen wahrgenommen. Die Fortsätze dieser Zellen treffen sich am Sehnervenkopf, von wo sie ihre Impulse gebündelt Richtung Großhirn schicken. Und eben dieser Sehnervenkopf ist jene Struktur des Auges, die überwiegend durch zu hohen Augeninnendruck (aber auch durch unzureichende Durchblutung) geschädigt wird und das Krankheitsbild Glaukom ergibt.

Ein gewisser Druck im Augeninneren ist notwendig, damit das Auge seine Form behält. Andernfalls würde es wie ein Fahrradschlauch, aus dem die Luft entwichen ist, zusammenfallen und könnte nicht länger seine Funktion erfüllen. Wesentlich für die Erzeugung dieses durchaus erwünschten Augeninnendruckes ist das Kammerwasser, eine glasklare Flüssigkeit, die im vorderen Augenabschnitt, zwischen Hornhaut, Iris und Linse zirkuliert. Das Kammerwasser wird im Ziliarmuskel, der hinter der Iris gelegen ist, gebildet. Durch ein feines, an eine Drainage erinnerndes Kanalsystem, dem sogenannten Schlemmschen Kanal, wird es nach einer gewissen Zeit wieder aus dem Auge abtransportiert. Zwischen Produktion und Abfluß von Kammerwasser besteht im Auge normalerweise ein delikates Gleichgewicht. Wenn dieses Gleichgewicht jedoch gestört ist, also entweder zuviel Kammerwasser produziert wird oder der Abfluß nicht richtig funktioniert, verstopft ist oder beides gleichzei-

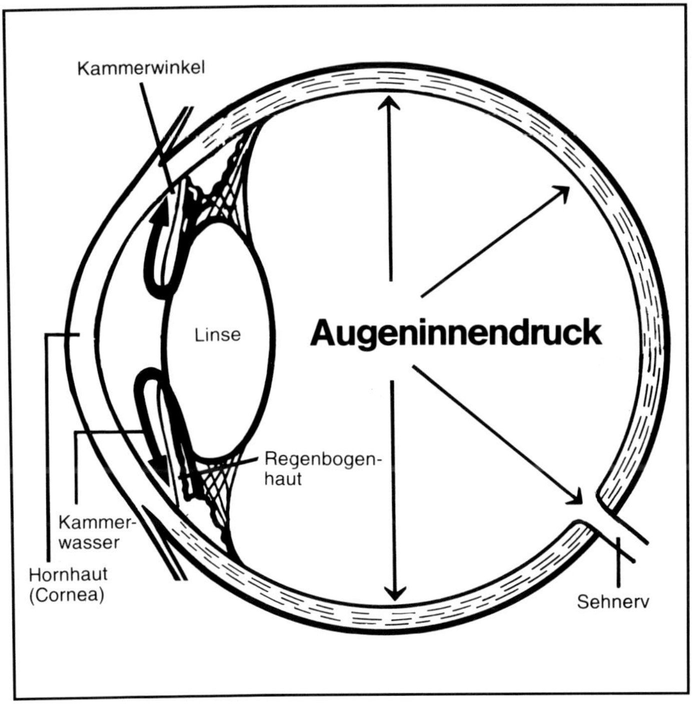

Damit das Auge in Form und seine Sehfunktion erhalten bleibt, muß in seinem Inneren ein bestimmter Druck herrschen. Dafür ist das Kammerwasser verantwortlich. In dem Maße, wie das Kammerwasser gebildet wird, fließt es normalerweise auch wieder ab. Der Augeninnendruck steigt, wenn der Abfluß des Kammerwassers behindert ist. Die schleichende Druckerhöhung über Monate und Jahre macht keine Beschwerden, führt jedoch zum Nachlassen der Sehleistung. Im schlimmsten Fall wird der Sehnerv völlig zerstört; der Patient erblindet.

tig der Fall ist, steigt der Augeninnendruck an – der erste Schritt zum Glaukom liegt vor.

Dies ist, wenn auch vereinfacht, der Grundgedanke, die Erklärung für die Entstehung des Glaukoms. Andere Faktoren spielen ebenfalls eine Rolle. Über den Mechanismus der Kammerwasserbildung und über seinen Abtransport wissen wir immer noch nicht genug, um uns ein wirklich zufriedenstellendes Bild vom Glaukom zu machen. Vor allem die drängendste Frage bleibt unbeantwortet: Warum steigt der Augeninnendruck an? Was bringt das sensible Gleichgewicht zwischen Produktion und Abfluß des Kammerwassers durcheinander?

Solange noch viele Unklarheiten über dieses Leiden bestehen, gilt es, den Anzeichen der Krankheit nachzuspüren und, sobald sich der Glaukomverdacht erhärtet hat, die Krankheit nach modernem medizinischen Wissensstand zu behandeln. Was immer die Ursache des Glaukoms sein mag, der Grüne Star ist kein unausweichlicher Schicksalsschlag mehr. Man muß heutzutage nicht mehr am Glaukom erblinden. Doch Voraussetzung für eine Prävention dieser schlimmsten und tragischsten Glaukomfolge ist es, die Krankheit frühzeitig zu erkennen. Und das heißt für Betroffene wie (noch) Nicht-Betroffene: ***Sich regelmäßig beim Augenarzt auf diese heimtückische Krankheit hin untersuchen zu lassen.***

> *» Der Augendruck ist nicht die alleinige Ursache des Glaukoms – aber meist die wichtigste. «*

Wie ein Dieb in der Nacht

Die fast völlige Symptomlosigkeit macht das Glaukom zu einer wahrhaft tückischen Erkrankung. Merke ich selbst, ob ich am Glaukom erkrankt bin? Die Antwort darauf ist in fast allen Fällen ein deutliches »Nein« – und wenn man es selbst bemerkt, ist meist schon ein irreparabler Schaden eingetreten.

Typischerweise bereitet das Glaukom keine Schmerzen. Das Auge sieht, betrachtet man es im Spiegel, ganz normal aus. Die zentrale Sehschärfe kann oft bis in Spätstadien hinein erhalten bleiben. Die Peripherie unseres Blickfeldes jedoch leidet viel schneller unter dem erhöhten Augeninnendruck. Nur – der Peripherie widmen wir beim Sehakt längst nicht soviel Aufmerksamkeit wie dem Zentrum. Das beste Beispiel dafür ist das oft gezeigte Bild, wie ein glaukomkranker Autofahrer seine Umwelt wahrnehmen kann. Der Blick geradeaus, der Straße entlang, kann völlig unbehindert sein. Der Straßenrand jedoch, der vom peripheren Gesichtsfeld eines gesunden Auges erfaßt wird, ist möglicherweise geschädigt, ein – um einmal ein schlimmes Beispiel zu nennen – vom Bürgersteig auf die Straße hüpfendes Kind wird gar nicht mehr wahrgenommen.

Daraus folgt: ***Ein Glaukom kann man praktisch nicht bemerken, man kann sich jedoch darauf untersuchen lassen.*** Die einzig wirklich sichere Möglichkeit, um für sich selbst mit Gewißheit auszuschließen, daß man nicht unter dieser Erkrankung leidet, ist die regelmäßige Untersuchung beim Augenarzt. Wer das vierzigste Lebensjahr überschritten und keinerlei bekannte Augenprobleme hat, sollte einmal jährlich eine Früherkennungsuntersuchung an sich durchführen lassen. Wer einer Risikogruppe angehört, zum Beispiel einer Familie mit einem oder mehreren bekannten Glaukomfällen entstammt, sollte sich noch engmaschiger untersuchen lassen.

Eine ganze Star-Familie

Eigentlich ist es nicht ganz korrekt, von »dem Glaukom« zu sprechen. »Die Glaukome« wäre richtiger. Es ist eine ganze Gruppe von Krankheiten, denen gemeinsam ist, daß der Sehnerv auf charakteristische Art geschädigt wird und man (fast) immer einen erhöhten Augeninnendruck mißt. Ganz grob unterscheidet man primäre von sekundären Glaukomen, wobei sekundär bedeutet, daß das Glaukom die Folge einer anderen Augenerkrankung ist, man die Ursache also kennt. Bei den primären Glaukomen, mit mehr als 90 Prozent die überwiegende Mehrheit, ist das nicht der Fall, man weiß nicht, warum der Augeninnendruck erhöht ist.

> *» Es gibt nicht ein Glaukom, sondern viele Formen des Grünen Stars. «*

Die bei uns häufigste Form ist das sogenannte primäre Offenwinkel-Glaukom. Wie der Name schon sagt, ist der Kammerwinkel im Auge (das ist jener spaltförmige Raum zwischen der Rückseite der Hornhaut und der Vorderfläche der Iris) offen – wie bei gesunden Augen üblich – und nicht verengt wie bei der anderen, weiter unten beschriebenen Glaukomform. Die für den Abtransport des Kammerwassers bestimmten kleinen Öffnungen, das sogenannte Trabekelmaschenwerk und der Schlemmsche Kanal, sind aus Gründen, die sich der Erkenntnis des Arztes entziehen, nicht gut durchgängig, was die Erhöhung des Augeninnendruckes zur Folge hat.

Diese in Deutschland häufigste Glaukomform macht, wie an anderer Stelle bereits erwähnt, praktisch keine Beschwerden. Wenn überhaupt vom Patienten etwas wahrgenommen wird, so sind es am ehesten diffuse Kopfschmerzen. Kopfschmerzen allerdings können bekanntermaßen eine Vielzahl von Ursachen haben, so daß man nicht unbedingt an einen erhöhten Augeninnendruck als Auslöser denkt. Auch die Gesichtsfeldausfälle, wenn sie bereits bestehen, sind in der Anfangsphase der Krankheit so peripher, daß der Betroffene selbst sie nur per Zufall entdeckt. Der Mainzer Augenarzt Professor *Franz Grehn* beschrieb einen solchen typischen Fall: »Recht eindrucksvoll schilderte eine Patientin, sie habe in der Kirche beim Eintritt des Pfarrers gemeint, er müsse das Gesangbuch vergessen haben. Der gezielte Blick auf seine rechte Hand habe sie jedoch belehrt, daß er das Buch bei sich hatte. Beim Blick in sein Gesicht war es aber wieder verschwunden. Der daraus gezogene Schluß, mit ihren Augen müsse etwas nicht stimmen, wurde beim Augenarztbesuch bestätigt. Der entsprechende Gesichtsfeldausfall ließ sich bei der Untersuchung nachweisen. Die Patientin litt an einem primären Offenwinkel-Glaukom«.

Die Druckmessung beim Augenarzt kann ganz unterschiedliche Werte ergeben. Im Tagesverlauf schwankt der Druck, der normalerweise morgens am höchsten ist und im Laufe des Tages absinkt, oft ganz beträchtlich. Deswegen ist es ratsam, sich zur Glaukomdiagnostik nicht lediglich auf eine Messung zu stützen. Sinnvoller ist das Erstellen einer Tagesdruckkurve. Dabei läßt sich der Patient zu verschiedenen Tageszeiten, mindestens jedoch viermal, den Druck messen. Auf diese Weise entgeht man der Gefahr, zufällig einen normalen Druck zu messen, wenn er sonst zu hoch ist. Das würde den Betroffenen in falsche Sicherheit wiegen und das Fortschreiten des Glaukoms begünstigen.

Gelegentlich wird ein Augenarzt zur Bestätigung des Glaukom-Verdachts auch eine Belastungsprobe durchführen lassen. Diese kann zum Beispiel darin bestehen, den Patienten auf nüchternen Magen binnen weniger Minuten einen Liter Wasser trinken zu lassen – für den Betroffenen nicht unbedingt ein angenehmer Test. Extreme Flüssigkeitszufuhr läßt offensichtlich die Kammerwasserproduktion vorrübergehend ansteigen und führt auch beim gesunden Auge zu einer leichten Steigerung des Augeninnendruckes. Bei einem Auge mit primärem Offenwinkel-Glaukom ist diese Drucksteigerung ausgeprägt, um 9 mm Hg oder mehr. Früher wurden Belastungstests mit Wassertrinken, Koffeinzufuhr oder Weittropfen der Pupille häufig durchgeführt, inzwischen sind sie allerdings weitgehend aus der Mode gekommen.

Selten und unverwechselbar: Ein Glaukom-Anfall

Ganz anders als beim primären Offenwinkel-Glaukom erscheint dem Arzt das Auge bei der viel selteneren Form des Winkelblock-Glaukoms, bei dem der Kammerwinkel verengt ist. Auch für die Betroffenen unterscheidet sich das Leiden geradezu dramatisch von der »normaleren« Glaukomform, dem Offenwinkel-Glaukom. Es kann sich als Glaukom-Anfall manifestieren, praktisch der einzigen Erscheinungsform des Grünen Stars, die massive und akute Schmerzen auslöst.

Bei den Augen der Betroffenen ist die Linse oft dicker als bei gesunden Augen und hat wesentlich stärkeren Kontakt mit der Iris als normalerweise üb-

Eingeschränktes Gesichtsfeld beim Glaukom.

lich. Der Abfluß des Kammerwassers von der hinteren Augenkammer (der Raum zwischen Iris, Ziliarkörper und Linse) in die vordere Augenkammer [der Raum zwischen der Rückfläche der Hornhaut und der Iris] ist dadurch erschwert. Es kommt zu einer Druckdifferenz zwischen Hinter- und Vorderkammer, was zur Folge hat, daß die Iris nach vorn gedrückt und die Abflußkanälchen des Kammerwassers regelrecht zugedrückt werden. Dadurch steigt der Augeninnendruck akut an, auf Werte von 50, 60 oder noch mehr mm Hg.

Das Ganze kann wie aus heiterem Himmel kommen und den Patienten binnen weniger Minuten überfallen. In seiner Plötzlichkeit und Dramatik kann man den Glaukom-Anfall beinahe mit dem Herzinfarkt vergleichen, der ja ebenfalls meist völlig unerwartet eintritt. Der massiv erhöhte Augeninnendruck bereitet dem Patienten starke Schmerzen – im Unterschied zu dem mäßig erhöhten Augeninnendruck beim Offenwinkel-Glaukom, der nicht wehtut und das Auge langfristig und unbemerkt schädigt. Das Auge schmerzt beim Glaukom-Anfall stark und auch die gleichzeitig auftretenden Kopfschmerzen sind kaum auszuhalten. Betastet man sein Auge, kann man den erhöhten Augeninnendruck regelrecht fühlen: Der Augapfel ist steinhart.

Gleichzeitig mit den massiven Schmerzen, die bis in Brust, Schulter und Arm ausstrahlen können – weswegen ein Glaukom-Anfall durchaus schon einmal mit einem Herzinfarkt verwechselt werden kann – hat der Betroffene starke Sehbeschwerden. Die Sicht wird trübe, um Lichter werden regenbogenfarbene Ringe wahrgenommen. Dieses Phänomen kommen daher, weil der erhöhte Augeninnendruck ein Ödem, eine

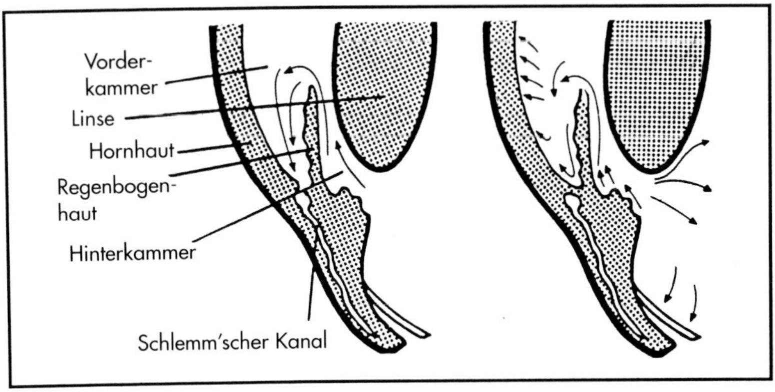

Linkes Bild: Normales Auge; Rechtes Bild: Grüner Star.

Eintrübung der sonst durchsichtigen Hornhaut, verursacht.

Während das Offenwinkel-Glaukom so schleichend verläuft, daß die Betroffenen sich oft ihrer Erkrankung gar nicht bewußt sind – weswegen Augenärzte in Medienkampagnen zu regelmäßigen Früherkennungsuntersuchungen raten – merkt der an einem Glaukom-Anfall Leidende natürlich sofort, daß seine Augen in höchster Not sind. Die Patienten gehen schmerzgeplagt sofort zum Augenarzt, tritt das Geschehen nachts oder am Wochenende auf, wenden Sie sich an den augenärztlichen Notdienst, oder an die nächste Augenklinik.

Gegen den Glaukom-Anfall gibt es nur eine Hilfe: die sofortige Operation. »Sofort« muß allerdings nicht heißen, daß operiert wird, sobald der Patient in der Augenklinik eingetroffen ist. Es ist durchaus sinnvoll, mit Hilfe von drucksenkenden Augentropfen und Tabletten den Druck zunächst etwas zu senken (z.B. von 60 auf 30 mm Hg) und dann den Eingriff vorzunehmen. Dadurch kann der Reizzustand und die übermäßige Durchblutung des Auges im Glaukom-Anfall gesenkt werden, was für den Operationserfolg ganz erheblich sein kann. In der Regel findet die Operation binnen 24 bis 48 Stunden statt.

Bei der relativ kurzen und unproblematischen Operation wird eine keilförmige Öffnung (Iridektomie) in die Iris geschnitten, so daß die Druckdifferenz zwischen Hinter- und Vorderkammerlinse abgebaut wird. Die kleine Öffnung kann manchmal statt mit dem Skalpell auch mit dem Laser durchgeführt werden (die sogenannte Laser-Iridotomie); allerdings ist der Laserstrahl, wie noch zu zeigen sein wird, gelegentlich nicht ganz so effektiv wie die konventionelle Operation.

Ist ein akuter Glaukom-Anfall aufgetreten und durch die Operation behandelt worden, so ist ein prophylaktischer Eingriff am anderen Auge dringend zu empfehlen. Statistische Untersuchungen haben gezeigt, daß mit einer Wahrscheinlichkeit, die zwischen 60 und 90 Prozent liegt, auch das andere Auge innerhalb der folgenden fünf Jahre ohne diesen vorbeugenden Schritt einen Anfall erleiden wird. Diese prophylaktische Iridektomie sollte erfolgen, sobald sich das andere Auge (das den Anfall erlitten hat) vom dem Eingriff erholt hat.

Zu hoher Druck und doch kein Glaukom

Als ob der Grüne Star nicht schon kompliziert genug wäre, gibt es noch einige Fälle, in denen die anschauliche – und meistens ja auch zutreffende – Gleichung »Glaukom = erhöhter Augeninnendruck« nicht ganz stimmt. Da ist zum Beispiel das Problem des okulären Hochdrucks. Hierunter versteht man Patienten, bei denen ein Druck gemessen wird, der höher ist also die Norm, also jenseits von 21 oder 22 mm Hg liegt, bei denen aber keine jener Schädigungen nachweisbar ist, die für ein Glaukom so typisch sind: Eindellung (Exkavation) des Sehnerven, Ausfälle im Gesichtsfeld. Vielleicht muß man jedoch einfach das Wörtchen »noch« anfügen. Viele Augenärzte sind der Meinung, daß der erhöhte Augeninnendruck nur der Vorläufer eines manifesten Glaukoms ist. Eine finnische Untersuchung hat ergeben, daß fast 40 Prozent der Patienten mit einem leicht erhöhten Augeninnendruck innerhalb der nächsten fünf bis 15 Jahre ein regelrechtes Glaukom entwickeln.

Allerdings: Es gibt unzweifelhaft auch Menschen, die einen leicht erhöhten Augeninnendruck – z.B. 24 oder 25 mm Hg – haben, ohne deswegen zu erkranken. Hier ist eine engmaschige augenärztliche Kontrolle erforderlich, um festzustellen, ob am Auge alles in Ordnung ist, oder ob sich nicht doch ganz dezente Hinweise auf eine Schädigung des Auges durch den Druck finden. In diesen kniffligen Fällen können auch zusätzliche Untersuchungen mit teilweise hochmodernen Geräten erforderlich werden, auf die man bei eindeutigen Glaukom-Erkrankungen verzichten kann. Dazu gehört die Analyse des Sehnervenkopfes (Papille) mit einem computergestützten, bildgebenden System, das die Papille mit einem Laserstrahl abtastet. Auch eingehendere Untersuchungen der Nervenfaserschicht in der Netzhaut können dann erfor-

> *» Ein »normaler« Augendruck kann falsche Sicherheit vortäuschen. «*

derlich werden. Dazu gehört die Fotografie dieser Nervenfasern bei erweiterter Pupille im rotfreien Licht sowie die elektrophysiologische Ableitung der Potentiale dieser Fasern mit dem sogenannten Muster-ERG, dem EKG bei der Herzuntersuchung nicht ganz unähnlich.

Normaler Druck und doch ein Glaukom

Gefährlicher als der okuläre Hochdruck ohne Glaukom-Schädigung des Auges ist es, wenn die Verhältnisse genau umgekehrt sind. Beim Normaldruck-Glaukom (auch Glaukom ohne Hochdruck genannt) ist der Druck zwar im statistischen Normbereich, Sehnerv und Gesichtsfeld können jedoch trotzdem Schädigungen aufweisen. Bei den Betroffenen ist der Sehnervenkopf offensichtlich ganz besonders druckempfindlich und wird bereits von Augeninnendruck-Werten geschädigt, die bei anderen noch ganz normal sind.

Die Rolle der Blutversorgung des Auges ist bei dieser Sonderform des Glaukoms immer wieder diskutiert worden. Wahrscheinlich ist sie nicht ausreichend, was häufig darauf zurückzuführen sein dürfte, daß die Patienten unter einem zu niedrigen Blutdruck leiden (der ja ansonsten als gesünder gilt als ein zu hoher Blutdruck). Deswegen erfordert die Diagnose des Normaldruck-Glaukoms immer auch die eingehende Untersuchung durch den Hausarzt oder Internisten. Medikamente, die den Blutdruck senken – vor allem nachts – sind zu vermeiden, kreislaufstabilisierende Maßnahmen (z.B. Physiotherapie) können hilfreich sein. Dem Augenarzt bleibt bei diesem eigenartigen und noch nicht ausreichend erforschten Krankheitsbild nur, den Druck mit Medikamenten oder ggf. auch durch eine Operation so weit wie möglich zu senken, um den hochsensiblen Sehnerven zu entlasten.

Sekundär, aber nicht weniger wichtig

Manchmal ist das Glaukom die Folge einer anderen Augenerkrankung. Man spricht dann vom Sekundär-Glaukom in Unterscheidung zum wesentlich häufigeren primären (Offenwinkel-)Glaukom, über dessen Ursachen Patient wie Arzt im Dunkeln tappen. Oft tritt so ein Sekundär-Glaukom nach einem Unfall mit Augenbeteiligung auf. Trifft eine stumpfe Gewalt auf das Auge, eine sogenannte Kontusion, platzen Blutgefäße im Augeninneren. Das Blut kann die Vorderkammer anfüllen und die Abflußkanälchen des Kammerwassers völlig verstopfen. Derartigen Sekundär-Glaukomen können Faustschläge auf das Auge vorausgehen, aber auch Sport ist für das Sehorgan nicht immer das Optimale. Der Ellenbogen eines Mitspielers beim Handball, der Puck beim Eishockey, vor allem aber der Ball beim Tennis und mehr noch beim Squash, der augenfeindlichsten aller Sportarten, können die Blutgefäße im Auge zum Platzen und den Druck damit zum Anstieg bringen. Die Therapie besteht in der operativen Entfernung der Blutgerinsel.

Verstopft werden können die Abflußkanälchen des Kammerwassers auch von Zellen und Fibrin, einem Eiweißstoff, der bei kräftigen Entzündungen im Augeninneren, den Iritiden (Regenbogenhaut-Entzündungen) gebildet wird. Solche Entzündungen kommen oft regelmäßig wieder (Rezidive) und erhöhen damit die Wahrscheinlichkeit für die Betroffenen, ein Glaukom zu erleiden. Die Entzündungsursache muß medikamentös bekämpft werden, z.B. mit virusstatischen Wirkstoffen bei den durch Herpes-Viren hervorgerufenen Entzündungen.

Das Sekundär-Glaukom kann auch Folge einer medizinischen Behandlung sein. Nach Augenoperationen sind Drucksteigerungen nicht ungewöhnlich, medikamentös aber meist in den Griff zu bekommen. Muß ein Patient über längere Zeit Kortison einnehmen, z.B. bei Asthma oder rheumatischen Entzündungen, kann der Augeninnendruck ebenfalls in die Höhe gehen. Wird das Kortison nicht mehr benötigt, beruhigt er sich meist wieder. In jenen Fällen jedoch, wo der Patient aus vitalen Gründen auf das Kortison angewiesen ist, muß eine drucksenkende Therapie, mit Tropfen oder mit einer Operation, erfolgen, um Schäden zu vermeiden.

Eine besondere Form des Sekundär-Glaukoms ist das Neovaskularisationsglaukom, das durch die Bildung neuer, irregulärer Blutgefäße auf der Iris gekennzeichnet ist. Diese Form tritt überwiegend bei Diabetikern auf. Eine rechtzeitige Laserbehandlung kann das Wachstum dieser abnormen Gefäße oft stoppen.

Glaukom bei Neugeborenen

Die Glaukomkrankheit, die meist Erwachsene jenseits des 40. Lebensjahres befällt, kann in seltenen Fällen schon Babys heimsuchen. Allerdings handelt es sich hier um ein ganz besonderes, mit dem Glaukom des Erwachsenen nicht zu vergleichenden Krankheitsbild. Es wird verursacht durch eine Entwicklungsstörung, die das kindliche Auge im Mutterleib durchgemacht hat. Die normalen Strukturen des Auges sind bei Geburt schlichtweg nicht vorhanden oder nicht genügend ausgeprägt. Oft finden sich regelrechte Mißbildungen des Auges (z.B. das komplette Fehlen der Iris), gelegentlich liegen auch Deformitäten an anderen Organen vor.

Wenn das Kleinkind nicht ohnehin schon auffällig ist, so gibt es am Auge ein ganz typisches Warnsignal, das die Eltern zum schnellstmöglichen Besuch des Augenarztes veranlassen sollte. Da das Auge des Neugeborenen dem erhöhten Augeninnendruck noch nicht den Widerstand entgegensetzen kann wie das des Erwachsenen, kommt es zu einer Vergrößerung des Augapfels und ganz besonders der Hornhaut. Wenn also ein Kind überdurchschnittliche große Augäpfel aufweist – von den Verwandten meist als »schöne, große Augen« bezeichnet – kann das nicht nur Gutes bedeuten. Ist nach Ansicht des zu Rate gezogenen Augenarztes die Hornhaut und mit ihr der gesamte Augapfel wirklich zu groß, muß eine ganz genaue Untersuchung in einer Augenklinik erfolgen. Dazu wird das Baby mit einer Kurznarkose ruhiggestellt, die Augen werden gründlich untersucht und der Druck gemessen. Bestätigt sich dabei der Verdacht auf ein angeborenes (kongenitales) Glaukom, muß unbedingt operiert werden, um dem Kind gravierende Seheinbußen oder gar die Erblindung zu ersparen.

Wie viele sind betroffen?

Obwohl keine genauen Zahlen vorliegen, dürfte das Glaukom – und damit meinen wir im Folgenden das primäre Offenwinkel-Glaukom – eine wahre Volkskrankheit sein. Man schätzt, daß eine halbe Million Menschen in Deutschland einen zu hohen Augeninnendruck haben (was allerdings noch nicht in jedem Fall gleichbedeutend mit einem Glaukom ist) und, daß etwa 50.000 davon so stark gefährdet sind, daß sie ohne adäquate Therapie erblinden könnten. Die Erblindung nämlich ist die letzte Konsequenz. In allen westlichen Industrienationen ist das Glaukom die häufigste oder eine der beiden häufigsten Erblindungsursachen.

> *» Die Dunkelziffer beim Glaukom ist hoch – viel zu hoch. «*

Dramatisch ist allerdings die Dunkelziffer. Ärzte vermuten, daß auf jeden bekannten Fall von erhöhtem Augeninnendruck, der zumindest ärztlich kontrolliert, wenn nicht gar behandelt wird, auch ein Bürger kommt, der unter erhöhtem Druck, vielleicht auch unter einem regelrechten Glaukom leidet und dies selbst gar nicht weiß. Denn, wie schon erwähnt, wenn man sich nicht darauf hin untersuchen läßt, kann die Krankheit wegen ihrer weitgehenden Symptomlosigkeit völlig unbemerkt ihre Kreise ziehen.

Kann es jeden treffen?

Darauf gibt es die typische Radio-Eriwan-Antwort: Im Prinzip ja, aber...

Tatsache ist, daß bestimmte Teile der Bevölkerung einer größeren Gefährdung unterliegen, am Glaukom zu erkranken, als andere. Einige Risikofaktoren sind bekannt. Dazu gehört vor allem die familiäre Belastung: Wer in seiner Familie einen oder mehrere Glaukomkranke hat, tut zweifellos gut daran, seine Augen frühzeitig und regelmäßig untersuchen zu lassen. Auch bei bestimmten Grundleiden ist das Glaukom überdurchschnittlich häufig. Hierzu gehört vor allem der Diabetes, aber auch die Kurzsichtigkeit.

Der bei weitem wichtigste Risikofaktor jedoch ist das Alter. Jenseits des vierzigsten Lebensjahres steigt das Erkrankungsrisiko stetig an. Somit sind in Deutschland fast fünfzig Millionen Menschen in einer Altersgruppe, in der Glaukom gehäuft auftreten kann. Deswegen empfehlen Augenärzte, daß jeder, der die Vierzig überschritten hat, sich tunlichst einmal im Jahr beim Augenarzt vorstellen sollte. Schließlich sind ab diesem Alter Vorsorgeuntersuchungen im Hinblick auf andere Erkrankungen wie Krebs oder Herzleiden beinah etwas Selbstverständliches.

> *»Fünf Millionen Menschen tragen das Risiko an Glaukom zu erkranken.«*

Auch die ethnische Zugehörigkeit kann etwas mit dem Glaukomrisiko zu tun haben. So weiß man inzwischen aus Erfahrung, daß Mitbürger dunkler Hautfarbe besonders bedroht sind. Bei US-Amerikanern afrikanischer Abstammung ist das Glaukom sechsmal so häufig wie bei Weißen und tritt im Durchschnitt zehn Jahre früher auf.

So kommt man dem Glaukom auf die Spur

Wenn man bedenkt, welchen tragischen Verlauf das Glaukom nehmen kann, daß es den Sehnerv aufs Schwerste schädigen und schließlich zur Erblindung führen kann, dann ist die Untersuchung beim Augenarzt, mit der man das Leiden auch im Frühstadium schon mit hoher Sicherheit entdecken kann, von einer geradezu verblüffenden Unbeschwertheit. Anders als beim Zahnarzt tut nichts weh, anders als beim Internisten wird man nicht angestochen, um Blut zu lassen und auch vor irgendwelchen potentiell gesundheitsschädlichen Röntgen – oder sonstigen Strahlen bleibt man verschont.

> *» Dem Augenarzt ist die direkte Betrachtung von Blutgefäßen und ihrer Veränderungen möglich. «*

Was bei der augenärztlichen Untersuchung abläuft, ist einfach und undramatisch. Zunächst prüft der Augenarzt oder seine Mitarbeiter die Sehschärfe, dann betrachtet er Ihre Augen an dem Untersuchungsgerät, der sogenannten Spaltlampe, in Vergrößerung, um irgendwelche sichtbaren Veränderungen festzustellen. Doch dies ist nur die eher allgemeine Einleitung der Früherkennungsuntersuchung. Das Glaukom muß ja keineswegs die Sehschärfe herabsetzen und auch das glaukomkranke Auge sieht äußerlich keineswegs anders aus als ein gesundes.

Dann wird der Arzt zu jenen Untersuchungen schreiten, bei denen sich ein Glaukomverdacht erhärten kann. Die wichtigste davon ist die Messung des Augeninnendruckes. Hierzu gibt es verschiedene Ge-

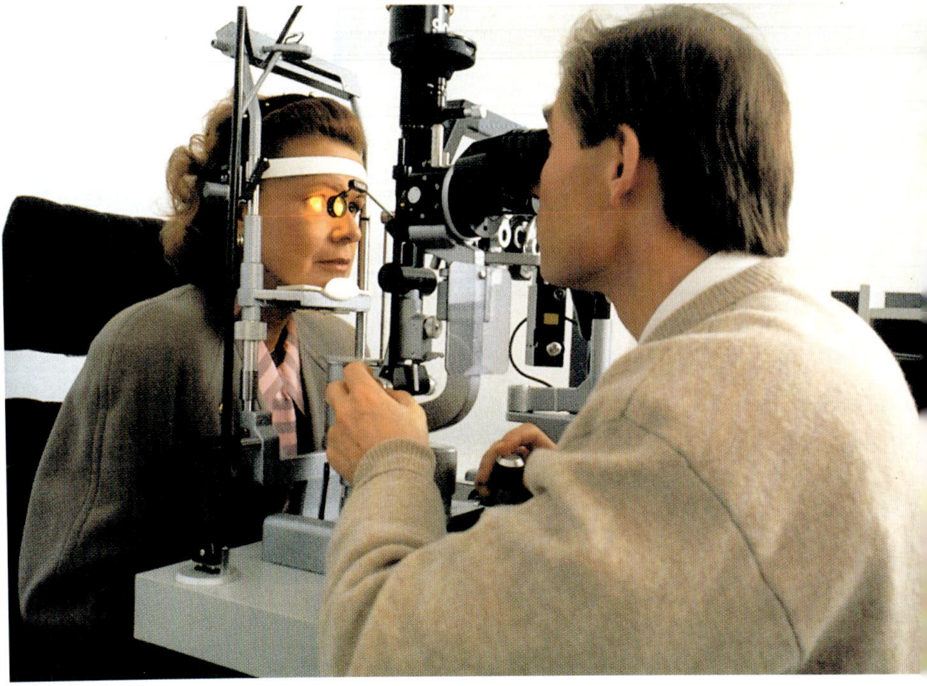

Mit der Spaltlampe kann der Augenarzt ins Innere des Auges bis auf den Augenhintergrund sehen. Die Spaltlampe dient als Mikroskop. Um mögliche Veränderungen am Augenhintergrund besser beurteilen zu können, wird in den Strahlengang des Mikroskops zusätzlich eine stark brechende Lupe eingeschwenkt.

räte. Das wohl gebräuchlichste ist das sogenannte Applanationstonometer nach *Goldmann*. Dem Patienten wird zunächst ein Tröpfchen eines gelben Farbstoffes in das Augen eingeträufelt, der auch ein Lokalanästhetikum enthält. So ist es dem Untersuchten nicht unangenehm, wenn das kleine Meßköpfchen des Gerätes kurz seine Hornhaut berührt. Durch dieses Meßköpfchen wird ein leichter Druck auf den Augapfel ausgeübt, der Arzt an der anderen Seite des Gerätes kann an einer Skala ablesen, wann dieser von dem Gerät verursachte Druck mit jenem im Augeninnere vorherrschenden im Gleichgewicht steht – voilà, der Augeninnendruck ist ermittelt.

Auf dem gleichen Prinzip beruht eine ältere, bei manchen Augenärzten aber nach wie vor beliebte Methode. Dabei wird ein sogenanntes Impressionstonometer nach *Schiötz* – das auf den ersten Blick ein wenig Ähnlichkeit mit einem Zirkel hat – auf das ebenfalls betäubte Auge gesetzt. Der Druck des Augeninneren bringt an dem Gerät einen Zeiger zum Ausschlag, an dem der Arzt den Augeninnendruck ablesen kann. Der einzige wesentliche Unterschied für den Patienten gegenüber der gebräuchlicheren Goldmann-Methode: er oder sie muß es sich für die ein, zwei Minuten der Druckmessung auf einer Liege bequem machen, da das Gerät senkrecht auf das Auge aufgesetzt wird. Davon aber merkt man, wie gesagt, ebenfalls nichts.

Eine ganz andere Art, den Augeninnendruck zu ermitteln, stellt die Non-contact-Tonometrie dar. Bei diesem Gerät wird ein scharfer Luftstrahl auf das Auge gerichtet, an seiner Reflexion kann das hochsensible elektronische Gerät mit hoher Sicherheit den Augeninnendruck ermitteln. Bei diesem Verfahren ist eine ärztliche Betäubung des Augapfels nicht nötig, da dieser von keinerlei Instrument berührt wird. Manchmal erschrecken sich die Patienten über den Luftstrahl und das damit verbundene knallende Geräusch. Durch dieses plötzliche Zurückzucken kann das Gerät unter Umständen zu hohe Werte angeben. Eine erneute Messung des nun »vorgewarnten« Patienten ergibt dann meist Klarheit.

Nach der Messung des Augeninnendruckes wird sich Ihr Augenarzt oder Ihre Augenärztin nun der zweiten wichtigen Untersuchung widmen, um ein Glaukom festzustellen oder – besser natürlich – auszuschließen. Es geht um die Beurteilung des Sehnervenkopfes, der Papille (nicht zu verwechseln mit der Pupille). Dieser liegt ganz im Inneren des Auges und ist die Stelle, wo sich sämtliche Nervenfasern der Netzhaut treffen, um von hier Richtung Gehirn, wo das Gesehene verarbeitet wird, weiterzuführen. Die Untersuchung ist sogar noch einfacher als die Druckmessung. Mit einer Lampe leuchtet der Arzt ins

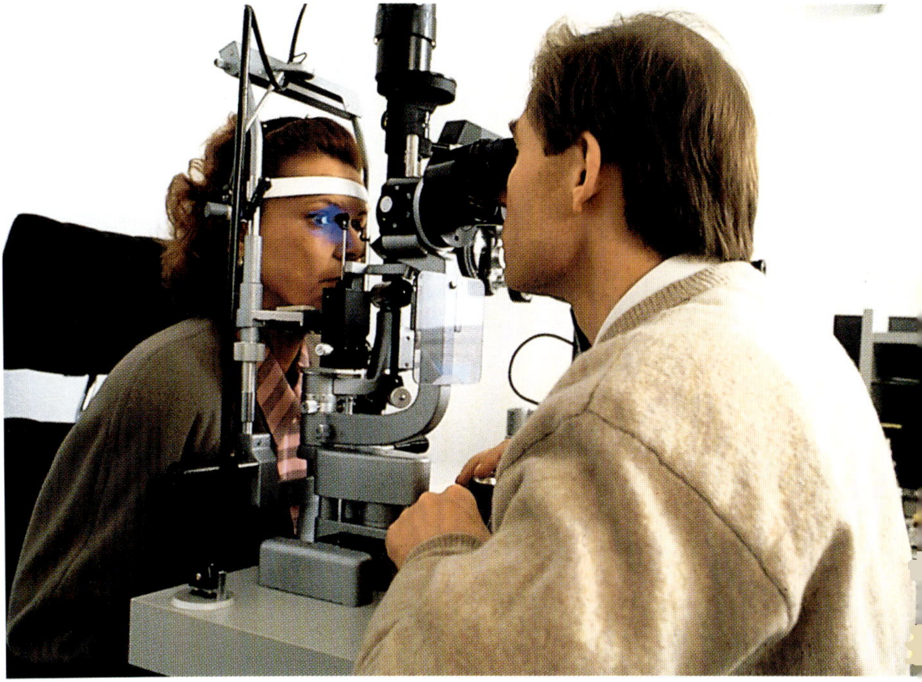

Zur Messung des Augeninnendruckes wird ein kleiner Meßkörper auf die Hornhautoberfläche aufgesetzt. An einer Skala kann anschließend der gemessene Augeninnendruck abgelesen werden. Für diese Untersuchung wird vorher die Hornhautoberfläche mit anästhetischen Augentropfen unempfindlich gemacht.

Augeninnere und kann über eine direkt über der Lichtquelle liegende Optik den Sehnerven beobachten. Dies geschieht entweder mit dem Ophthalmoskop, einem kleinen Gerät, mit dem der Arzt dem Auge des Patienten ganz nah kommt. Oder er leuchtet bei der sogenannten indirekten Ophthalmoskopie mit einer Lampe ins Auge und hält gleichzeitig eine ca. 13 oder 16 Dioptrien starke Lupe vor dasselbe.

Egal, welche Methode zur Anwendung kommt – dem Arzt bietet sich ein Bild des Sehnerven, der fast auf den »ersten Blick« die Beurteilung zuläßt, ob dieser eine Glaukomschädigung aufweist. Ist der Sehnerv normal, liegt er im selben Niveau wie die ihn umgebende Netzhaut. Ist er hingegen glaukomgeschädigt, so weist er eine für den Arzt deutlich sichtbare Vertiefung, die sogenannte Exkavation auf. Diese Vertiefung ist das wesentliche Merkmal einer schon bestehenden Glaukomschädigung. Der Sehnerv ist, bildlich gesprochen, vom erhöhten Augeninnendruck regelrecht eingedellt worden. Diese Eindellung bedeutet für den Sehnerven: Unzählige, meist einige zehntausend Nervenfasern sind bereits zugrunde gegangen. Für den Betroffenen heißt das: Im Gesichtsfeld sind mit hoher Wahrscheinlichkeit bereits Ausfälle vorhanden.

Die Entdeckung dieser Exkavation wird den Arzt folgerichtig zur Untersuchung des Gesichtsfeldes veranlassen, ein Test, den man meist bei Verdacht, oder falls ein Glaukom bereits bekannt ist, der Beurteilung des Sehnerven anschließt. Der Patient wird vor einen Apparat gesetzt, der wie eine Halbkugel aussieht. Er oder sie muß jetzt – während das jeweils nicht untersuchte Auge mit einer Klappe abgedeckt wird – eine Marke in der Mitte der Kuppel fixieren. Von außen werden nun Lichtpunkte unterschiedlicher Größe und Intensität herangeführt, bei deren Wahrnehmung der Patient zum Zeichens des Erkennens eine Klingel drücken muß. Wichtig: Die sich bewegenden Lichtpunkte dürfen nicht angeschaut werden, der Blick muß strikt geradeaus gehen (was vom Untersucher kontrolliert werden kann). Nur so kann festgestellt werden, ob die Gesichtsfeldwahrnehmung noch normal ist oder ob Ausfälle aufgetreten sind, wie sie für das Glaukom typisch sind.

Zur Gesichtsfelduntersuchung (Perimetrie) gibt es die unterschiedlichsten Gerätetypen. Die Registrierung der mittels Klingelzeichen gegebenen Patientenantworten auf einem Untersuchungsbogen kann mechanisch vom Arzt oder der Helferin eingetragen werden. Es gibt jedoch auch computergesteuerte Geräte, bei denen alles vollautomatisch geht. Hier wird der Befund von einem Drucker ausgedruckt, der Arzt kann sofort das Vorhandensein typischer glaukomatöser Gesichtsfelddefekte feststellen.

Wir alle haben einen Gesichtsfeldausfall. Es ist der sogenannte »Blinde Fleck«, der jenen Punkt der Netzhaut repräsentiert, an dem sich die Sehnervenfasern zum Sehnervenkopf (Papille) vereinigen. Dieser Blinde Fleck ist ganz normal und wird bei der Untersuchung sicher festgestellt. Typisch für das Glaukom ist es, daß weitere, dem Blinden Fleck nicht unähnliche Ausfälle (die sogenannten Bjerrum-Skotome) an Stellen auftreten, wo ein normales Auge keinen Ausfall haben darf. Wird das Glaukom nicht erkannt oder nicht adäquat behandelt, werden diese Ausfälle zusehends größer, fließen zusammen und lassen schließlich nur noch Inseln einer ausreichenden Wahrnehmung übrig. Das Gesichtsfeld des Betroffenen ist nun hochgradig eingeschränkt, der Patient längst nicht mehr verkehrstauglich. Am traurigen Ende ist auch das Restgesichtsfeld erloschen – der Patient ist erblindet.

Diesen drei wichtigsten Glaukomuntersuchungen – Messung des Augeninnendruckes, Beurteilung des Sehnervenkopfes, Prüfung des Gesichtsfeldes – können sich je nach Indikationsstellung und Arbeitsweise des Arztes weitere Test anschließen. So kann man ein kleines Kontaktglas, das Gonioskop, auf das wiederum kurzfristig betäubte Auge aufsetzen, um die Weite oder vielmehr Enge des Kammerwinkels zu untersuchen. Auch die Erweiterung der Pupillen mittels entsprechend wirkender Tropfen kann nützlich sein, um die Nervenfaserschicht der gesamten Netzhaut zu beurteilen. Wahre Wunder der Hochtechnologie sind schließlich computergesteuerte, bildgebende Analysatoren des Sehnervenkopfes, bei dem dieser mit einem Laserstrahl abgetastet wird. Das Gerät liefert wunderschöne, farbige Darstellungen des riesig vergrößerten Sehnervenkopfes, auf denen der Patient selbst seine Papillenexkavation bewundern kann – plastisch und dreidimensional wie der Grand Canyon.

Augeninnendruck – was ist normal?

Die Meßeinheit des Augeninnendruckes ist Millimeter Hg. Hg steht für Quecksilber, das Ganze besagt, daß der Augeninnendruck soundsoviele Millimeter einer Quecksilbersäule im Gleichgewicht halten würde – im Prinzip also das gleiche Verfahren wie bei der Messung des Luftdruckes. Was wir als normalen Augen-

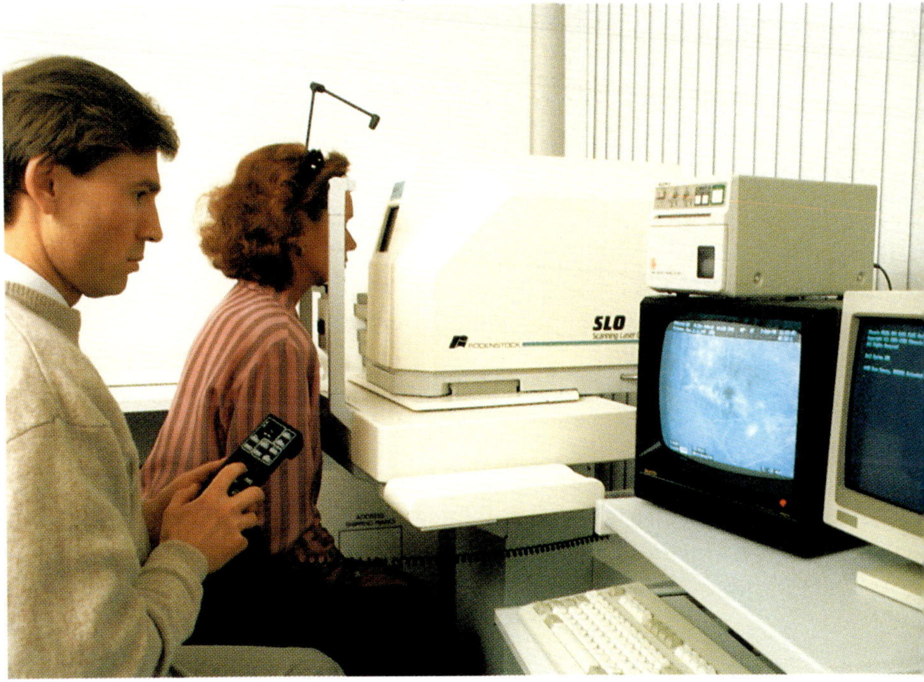

Eine besonders genaue Untersuchung des Augenhintergrundes für spezielle Fälle ist mit dem Laserstrahl möglich: Bei dieser Untersuchung werden Laserstrahlen auf Spiegel projiziert, die sich rasend schnell drehen, und so den Augenhintergrund sehr genau abbilden. Zusätzlich wird ein Kontrastmittel in die Armvene gespritzt, das nach wenigen Sekunden bis zu den Gefäßen des Augenhintergrundes gelangt und diese anfärbt. Mit Hilfe dieses Verfahrens lassen sich zahlreiche Erkrankungen am Augenhintergrund feststellen.

innendruck ansehen und was nicht ist eine reine Erfahrung, aufbauend auf Statistiken. Die von Generationen von Medizinstudenten gelernte und von Dutzenden von Lehrbüchern verbreitete Erfahrung heißt: Unter 22 mm Hg – normal; über 22 mm Hg – zu hoch.

Doch so einfach ist es leider nicht, wäre sonst die Aufdeckung eines Glaukoms doch eine wirklich leichte Sache. Die Schwankungsbreite ist individuell sehr unterschiedlich. Was für den einen schon ein zu hoher Augeninnendruck ist, kann für den anderen noch ganz normal sein. So wie kein Mensch dem anderen gleicht, so ist auch unser Sehnerv ein ganz individuelles Organ. Das bedeutet, daß die Drucktoleranz ganz unterschiedlich ausgeprägt sein kann – und letztlich ist das Glaukom nach der heutigen Definition der Ärzte die Unfähigkeit des Sehnerven, einen bestimmten Augeninnendruck auszuhalten, zu »tolerieren«.

Daher gibt es Augen mit einem Druck von 27 oder gar 30 mm Hg, die kerngesund sind: ihr Sehnerv hat keine Eindellung (Exkavation), das Gesichtsfeld keine Einschränkung. Andererseits gibt es Augen, deren Druck liegt bei 19 oder 20 mm Hg, also nach allgemeinem Verständnis noch im Normbereich, und trotzdem finden sich die genannten Zeichen einer glaukomatösen Schädigung. Der Sehnerv eines solchen Auges hat also eine extrem niedrige Drucktoleranz und wird schon bei Werten geschädigt, die für den Bevölkerungsdurchschnitt als normal anzusehen sind. Ob das Auge glaukomkrank ist, kann also nur die augenärztliche Untersuchung, insbesondere die Beurteilung des Sehnerven und des Gesichtsfeldes beweisen. Und dies führt uns zu einer ganz wesentlichen und oft falsch eingeschätzten Frage der Glaukomdiagnostik.

Messung des Augeninnendruckes – reicht das?

Nein, nein und nochmals nein! Nur den Augeninnendruck messen zu lassen, bietet nicht die gering-

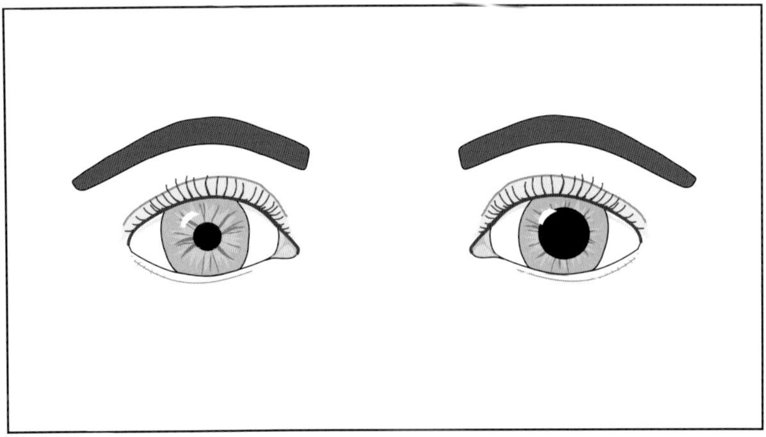

Verschiedene Pupillenweiten bei Licht (links) und Dunkelheit (rechts).

ste Sicherheit. Man weiß heute aus wissenschaftlichen Untersuchungen, daß bei einer einmaligen Messung des Augeninnendruckes rund 50 Prozent der Glaukome nicht entdeckt werden! Der Druck ist nämlich nicht gleichbleibend hoch, er kann zum Beispiel morgens bei 35 mm Hg liegen (und damit nach allgemeiner Einschätzung viel zu hoch sein), läßt der Betroffene ihn sich nachmittags messen, mag er sich auf einen »normalen« Wert von 18 mm Hg erholt haben.

Noch wichtiger als diese Druckschwankungen jedoch ist, daß die Diagnose »Glaukom« nur unter Berücksichtigung der drei Eindrücke Augeninnendruck-Sehnerv-Gesichtsfeld gestellt werden kann. Wird ein Druck von 20 mm Hg gemessen und ist die Papille eingedellt (exkaviert), so liegt unzweifelhaft ein Glaukom vor – das man, wie gezeigt, als Normaldruck-Glaukom bezeichnen würde – und eine Therapie muß eingeleitet werden. Hat andererseits ein Auge einen Druck von, sagen wir, 26 mm Hg, alles andere an diesem Auge ist jedoch völlig in Ordnung, so reicht es, wenn man sich auf regelmäßige Kontrolluntersuchungen beschränkt, eine Behandlung erscheint dann unnötig.

Ganz wichtig ist diese relativierende Bewertung des Augeninnendruckes bei einer besonderen Glaukomform, dem sogenannten Normaldruck-Glaukom, in der Fachliteratur auch Low-Tension-Glaukom genannt. Diese Variante ist in Japan besonders häufig, doch auch bei uns sind viele Patienten davon betroffen. Sie haben einen, rein statistisch gesehen, normalen Druck, doch ihr Sehnerv ist selbst durch diese nicht allzu hohen Druckwerte gefährdet, hat eine extrem niedrige Drucktoleranz. Hier muß der Druck soweit wie möglich gesenkt werden, um einen irreparablen Schaden zu vermeiden, einen Schaden, den eine reine Druckmessung gar nicht an den Tag bringen würde.

Daraus ergibt sich, daß Druckmessungen z.B. im Shopping Center, wie es in Amerika möglich ist, ähnlich den Blutdruckmessungen hierzulande beim Apotheker, wenig sinnvoll oder gar gefährlich sind, da sie den Betroffenen in eine trügerische Sicherheit wiegen können. Endgültige Klarheit kann nur die komplette Untersuchung erbringen, wozu aufgrund seiner Ausbildung und Qualifikation nur der Augenarzt in der Lage ist.

Wie oft sollte man sich augenärztlich untersuchen lassen?

So wie man sein Auto alle zwei Jahre zum TÜV bringt, sollte man auch die wichtigsten Organe seines Körpers regelmäßig vom Experten »durchchecken« lassen. Daß man mit seinen Zähnen zweimal jährlich zum Zahnarzt gehen sollte, ist inzwischen Allgemeingut geworden. Seine Augen sollte man nicht erst dann untersuchen lassen, wenn etwas nicht in Ordnung ist. Grundsätzlich schadet es niemandem, einmal im Jahr den Au-

> *❝ Augen zum Augenarzt! Nicht erst wenn die erste Lesebrille fällig wird. ❞*

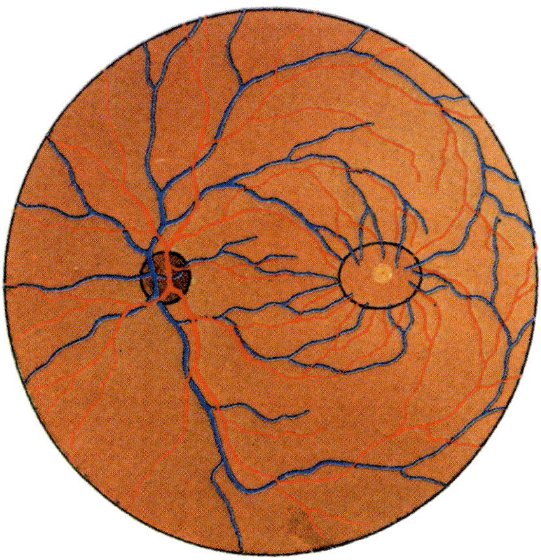

Dieses Bild erblickt der Augenarzt, wenn er den Augenhintergrund (Fundus) betrachtet. Der Sehnervenkopf (Papille) ist die dunkle Scheibe links.

genarzt aufzusuchen, ab einem gewissen Alter – zum Beispiel jenseits der Vierzig – ist dies natürlich ganz besonders ratsam. Schließlich geht man in diesem Alter ja auch regelmäßig zur Krebsvorsorge und zum EKG – oder sollte es zumindest tun.

Wer bekanntermaßen Probleme mit den Augen hat, tut gut daran, öfter sein wichtigstes Sinnesorgan betreuen zu lassen. Im Falle eines bekannten Glaukoms oder des Glaukomverdachts kann eine vierteljährliche Untersuchung ratsam sein. Noch engmaschigere Konsultationen können sogar notwendig werden, wenn die Untersuchungsergebnisse die Alarmglocken klingeln lassen. Das gilt zum Beispiel für Patienten, die wegen des Glaukoms mit drucksenkenden Augentropfen behandelt werden, die Druckwerte jedoch trotzdem zu hoch sind. Dann muß man unter Umständen im Abstand von wenigen Tagen zur Kontrolle des Augeninnendruckes beim Arzt vorstellig werden. Das gleiche gilt auch, wenn die Therapie von einem Medikament auf ein anderes umgestellt worden ist, da der Arzt kontrollieren muß, ob eine bessere Wirkung vorliegt. Ähnlich kann es sein, wenn zum ersten Mal ein drucksenkendes Medikament verordnet wird. Bei einer Kontrolluntersuchung nach wenigen Tagen sollte möglichst bereits der erwünschte Effekt eintreten.

Auch häufige Kontrollen sollten für den Patienten keine unzumutbare zeitliche Belastung darstellen. Zum einen geht die Untersuchung sehr schnell, zum anderen vergeben viele Augenärzte für diese wenig aufwendigen Kontrollen spezielle Termine, damit der Patient nicht länger als ein paar Minuten warten muß.

Die Rolle der Allgemeingesundheit

Auch wenn es sich bei dem Glaukom um ein reines Augenleiden handelt, so darf wie bei jeder Krankheit doch nicht der Mensch als Ganzes, sein Befinden, seine Probleme und seine Ängste vergessen werden. Der Verdacht, an einem Glaukom erkrankt zu sein, sollte immer auch Anlaß für den Betroffenen sein, über seinen Gesundheitszustand im allgemeinen und seinen Lebensstil im besonderen nachzudenken.

Zwar gibt es kein Allgemeinleiden, das als auslösend für ein Glaukom identifiziert worden wäre, eine ganze Reihe von Krankheiten hat aber bekanntermaßen auch Auswirkungen auf die Augen. Eine der wichtigsten ist die Zuckerkrankheit, der Diabetes mellitus. Dieser gehört ähnlich dem Glaukom, gerade in höherem Alter, zu den häufigsten Erblindungsursachen. Allerdings schädigt er das Auge auf eine ganz andere Art. Beim Diabetes kommt es zu schweren Veränderungen der Netzhaut und ihrer Gefäße. Wenngleich nicht genau bekannt ist warum, so leiden doch Diabetiker überdurchschnittlich häufig unter einem Glaukom. Aus diesem Grund, und im Hinblick auf die frühzeitige Erkennung der diabetischen Netzhautschädigung, sollten sich Diabetiker zweimal im Jahr beim Augenarzt gründlich untersuchen lassen.

Auch Schilddrüsenerkrankungen, rheumatische und andere chronische Entzündungsleiden können sich am Auge nachteilig auswirken. Eine Reihe von ihnen können, wie vor allem der Morbus Bechterew (eine chronische Erkrankung der Wirbelsäule), führen häufig zu chronischen Entzündungen der Regenbogenhaut (Iritis), die wiederum eine besondere Form des Grünen Stars, das Sekundär-Glaukom, auslösen können.

Das wichtigste Allgemeinleiden im Hinblick auf das Glaukom sind zweifellos Störungen der Durchblutung des Auges. Glaubte man früher den erhöhten Augeninnendruck als alleinigen Übeltäter bei der Glaukomentstehung ausmachen zu können, so vermuten die Mediziner heute, daß eine schlechte Durchblutung des Sehnerven genauso schlimm sein kann. Werden die Hunderttausende von hochempfindlichen Nervenfasern, aus denen sich der Sehnerv zusammensetzt, nämlich nicht ausreichend mit Blut und damit mit Sauerstoff versorgt, können diese Zellen absterben und gehen genauso unter, als wenn sie von zu hohem Augeninnendruck »zerquetscht« werden. Ein zu hoher Blutdruck ist für fast alle Organe, besonders für Herz, Nieren, Gehirn und auch für die Augen schädlich. Ein zu niedriger Blutdruck kann es allerdings auch sein, da in solch einem Fall möglicherweise der Sehnerv nicht mehr ausreichend mit Blut versorgt wird. In allen Fällen von Beschwerden des Kreislaufes ist die Beratung und Therapie durch den Allgemeinarzt oder Internisten genauso wichtig wie die augenärztliche Behandlung.

Apropos schlechte Durchblutung: Einer der schlimmsten Feinde unseres Gefäßsystems ist das Nikotin. Spätestens der Glaukomverdacht sollte für jeden Raucher Anlaß sein, diesem Laster abzuschwören. Ein schlecht durchbluteter Sehnerv wird beim Rauchen noch mehr leiden. Ja, es gibt sogar, über den glaukomatösen Schaden noch hinausgehend, das Krankheitsbild einer akuten Sehnervenvergiftung als Folge von Nikotin- (und auch Alkohol-) Abusus.

Also auch dem Auge zuliebe: ***Weg mit den stinkenden Glimmstengeln!***

Grau oder grün – welcher Star ist schlimmer?

Die Benennung zweier der wichtigsten Augenerkrankungen haben historische Wurzeln – ohne daß sich die Experten einige sind, warum man das Glaukom den Grünen Star und die Katarakt den Grauen Star genannt hat. Bei letzterem ist zumindest der deutsche Name einleuchtend, da die Pupille eines Kataraktpatienten nicht, wie normal, schwarz ist, sondern gräulich trübe – während das typische Auge eines Glaukomkranken übrigens nichts unnormal Grünliches an sich hat.

Die ähnlich klingenden Bezeichnungen tragen jedenfalls das Ihre dazu bei, daß man als Laie schnell durcheinander kommt und beide Krankheiten häufig miteinander verwechselt werden. Dabei handelt es sich beim Grauen Star um etwas völlig anderes als beim Glaukom. Der Graue Star, auch die Katarakt genannt, ist eine Trübung der Augenlinse. Typischerweise tritt sie in hohem bis sehr hohem Lebensalter auf. Beim jüngeren Menschen ist die Linse – ähnlich dem gleichgenannten Teil in der Optik des Fotoapparates – klar und durchsichtig. Durch Alterungsvorgänge verliert sie diese Klarheit, wird grauer und grauer.

Für den Betroffenen hat das zur Konsequenz, daß sich sein Sehvermögen regelrecht »eintrübt«. Der Kataraktpatient hat den Eindruck, ständig durch einen Nebel zu sehen, alles wird verwaschen und unscharf.

Die Patienten putzen zunächst überdurchschnittlich oft ihre Brille, da sie den Eindruck haben, die Gläser seien beschlagen – ohne Erfolg natürlich. Außerdem nimmt die Blendungsempfindlichkeit stark zu. Die Betroffenen erleben einen ähnlichen Effekt wie ein Autofahrer, der mit verschmutzter oder beschlagener Autoscheibe der Sonne entgegenfährt: durch die diffuse Lichtstreuung erscheint die Helligkeit unerträglich. Die Patienten greifen zu immer dunkleren Sonnenbrillen, ohne daß dies eine dauerhafte Linderung bringt.

Es soll nicht behauptet werden, daß der Graue Star im Vergleich zum Glaukom das reine Zuckerschlecken sei. Arzt und Patient haben es jedoch in zweierlei Hinsicht einfacher als beim Glaukom. Anders als bei diesem nämlich merkt der Kataraktpatient selbst, daß etwas nicht in Ordnung ist und sucht deswegen den Augenarzt auf – während das Glaukom bis in späte Stadien hinein symptomlos verlaufen kann und der Arzt es nur festzustellen vermag, wenn der Patient aus anderen Gründen, wegen einer Routineuntersuchung oder auch bewußt zur Wahrnehmung einer Glaukom-Früherkennungsuntersuchung, die Praxis aufsucht. Auch die Behandlung des Grauen Stares ist inzwischen geradezu Routine: In einer Operation, die selten mehr als zwanzig, fünfundzwanzig Minuten in Anspruch nimmt, wird die natürliche und trübe gewordene Linse aus dem Auge entfernt und eine neue, klare, aus Kunststoff wird an ihrer Stelle eingepflanzt.

Der Operationserfolg macht den wesentlichen Unterschied zum Grünen Star, dem Glaukom, deutlich. In den allermeisten Fällen können die Kataraktpatienten nach dem Eingriff wieder gut bis sehr gut sehen, die Sehschädigung durch die trübe Linse war also reversibel. Beim Glaukom jedoch sind Einbußen der Sehleistung dauerhaft, was einmal verloren wurde, kann nicht wiedergeholt werden. Die Operation des Glaukoms hat ebenso wie seine medikamentöse Therapie das Ziel, zu verhindern, daß es noch schlechter wird.

II. Mit dem Glaukom leben

Therapie

Einer der erschreckendsten Aspekte des Glaukoms: ***Es ist eine chronische Erkrankung.*** Das heißt, daß man die Krankheit nicht heilen kann. Das Ziel für den Betroffenen und seine Angehörigen sowie seinen Augenarzt ist es daher, die Krankheit soweit in den Griff zu bekommen, daß sie keinen Schaden am Auge macht. Man kann das Glaukom unter diesem Gesichtspunkt vielleicht mit der Zuckerkrankheit vergleichen. Wer einmal am Diabetes erkrankt ist, wird in der Regel dieses Leiden nicht mehr los. Durch den adäquaten Umgang mit seiner Krankheit kann der Patient jedoch verhindern, daß ihn diese in seinem Allgemeinbefinden beeinträchtigt, oder seine organische Gesundheit dauerhaft schädigt. Beim Diabetes heißt das, durch Diät und bewußte Lebensweise, durch Tabletten oder durch Insulininjektionen, den Blutzuckerwert stabil zu halten, um zu verhindern, daß der Diabetes die Gefäße, z.B. im Bein, am Herzen oder in der Niere schädigt und damit das fehlerfreie Funktionieren des jeweiligen Organs gefährdet.

Ähnlich sieht es beim Glaukom aus. Durch die Therapie wird versucht, eine Schädigung des Sehnerven und damit in letzter Konsequenz die Erblindung zu verhindern. Diese Behandlung muß in der überwiegenden Zahl der Fälle für den Rest des Lebens erfolgen – zumindest, wenn sie, wie bei den meisten Patienten, medikamentös erfolgt. Eine Operation hingegen kann den Augendruck dauerhaft senken, allerdings müssen auch Operierte regelmäßig ihre Augen

Die medikamentöse Behandlung mit Augentropfen ist die häufigste Therapieform beim Glaukom. Das Tropfen der Medikamente verlangt vom Patienten äußerste Therapietreue.

untersuchen lassen, da man nie sicher sein kann, ob der Druck nicht doch wieder ansteigt.

Die Crux bei der Glaukomtherapie ist nämlich folgende: Soweit heute bekannt, handelt es sich bei dem Glaukom um ein sogenanntes multifaktorielles Geschehen, d.h. es gibt wahrscheinlich eine Reihe von Faktoren, die das Leiden auslösen wie – vor allem – der erhöhte Augendruck, Durchblutungsprobleme, genetische Veranlagung und wahrscheinlich noch eine Reihe mehr. Die Behandlung jedoch richtet sich ausschließlich auf einen Faktor, den Druck. Alleiniges Ziel jeder Glaukomtherapie ist – solange nichts erfunden worden ist, um z.B. die Durchblutung speziell des Sehnerven zu fördern – die Senkung des Augeninnendruckes. Seine Senkung und Stabilisierung auf jene Werte, die man nach allen Erfahrungen als »normal« bezeichnet, ist beim heutigen Stand der medizinischen Wissenschaft die beste Gewähr, das Auge vor einem Glaukom-Schaden zu bewahren.

Ein ganzes Arsenal von Medikamenten

Es gibt eine Reihe von Wirkstoffen, mit denen man den Augendruck senken kann. Welches Mittel bei welchem Patienten zur Anwendung kommt, entscheidet der ganz individuelle Befund – nicht nur das Erscheinungsbild des Auges, sondern auch das Vorhandensein allgemeiner Erkrankungen (die u.U. durch die Nebenwirkungen von drucksenkenden Augentropfen verstärkt werden können) und auch die Anforderungen, die an das Sehorgan gestellt werden und die bei einem vierzigjährigen Fernfahrer natürlich anders sind als bei einem achtzigjährigen Pensionär.

Wie bei jeder medikamentösen Therapie stehen auch bei der Glaukom-Behandlung zwei Kriterien im Vordergrund, um zu beurteilen, ob die Therapie erfolgreich ist, oder durch ein anderes Behandlungsschema ersetzt werden muß: die Wirksamkeit und das Ausmaß der Nebenwirkungen. Als erfolgreiche Drucksenkung gilt, wenn der Augeninnendruck um mindestens 20 % des Ausgangswertes gesenkt werden konnte, also z.B. von 30 mm Hg bei Entdeckung des Glaukoms auf höchstens 24 mm Hg. Bei bereits durch das Glaukom geschädigten Augen wird von Ärzten sogar eine Drucksenkung um 30 % oder gar 40 % gefordert. Liegt der Ausgangsdruck sehr hoch, kann diese prozentuale Zielvorgabe nicht sicher genug sein; erforderlich ist dann die Senkung unter einen bestimmten Grenzwert, z.B. unter 20 mm Hg.

Geringe Nebenwirkungen dürften wohl alle Glaukommittel haben, gemäß der alten Devise, daß ein Medikament, das überhaupt keine Nebenwirkungen aufweist wohl leider auch keine Wirkung zeigt. Sollten die unerwünschten Effekte der Glaukomtherapie das tolerable Maß überschreiten, muß eine Umstellung auf eine andere Therapie erfolgen. Manchmal ist es dann ratsam, das Auge zu operieren, statt weiter medikamentös zu behandeln.

1. Parasympathomimetika

Unter diesem komplizierten Namen verbirgt sich die älteste bekannte Wirkstoffklasse. Schon seit den 1870er Jahren sind sie in Gebrauch, eingängiger ist allerdings ihre andere Bezeichnung: Miotika. Sie weist auf ihr Wirkprinzip hin: Unter einer Miosis versteht der Augenarzt den Zustand, bei dem die Pupille sehr eng ist. Und genau das bewirken diese Augentropfen: Sie verengen die Pupille: bei diesem Zusammenziehen der Iris werden die kleinen, für den Abtransport des Kammerwassers aus dem Auge bestimmten Kanälchen geweitet, dieses kann besser abfließen, der Augendruck wird damit gesenkt.

Die Miotika werden, wie alle anderen Augentropfen auch, bei nach unten gezogenem Unterlid in den Bindehautsack eingetropft und dringen binnen weniger Minuten durch die Hornhaut ins Augeninnere. Schon nach wenigen Minuten zieht sich die Pupille zusammen. Der Wirkstoff wird für mehrere Stunden in der Iris und anderen Augengeweben gespeichert, so daß man im Allgemeinen viermal pro Tag tropfen muß, um einen ausreichend hohen Wirkstoffspiegel zu erhalten.

Die Verengung der Pupille hat neben der erwünschten Drucksenkung auch einen nachteiligen Effekt. Nicht wenige Menschen fühlen sich in ihrem Sehkomfort eingeschränkt, wenn sie durch eine enge Pupille blicken müssen. Dadurch, daß das normale Spiel der Pupille aufgehoben ist, kann sich das Auge nicht mehr an wechselnde Lichtverhältnisse anpassen. Ist es sehr hell, z.B. bei Sonnenschein am Strand, ist eine enge Pupille gar nicht schlecht, dann ist man nicht so sehr geblendet. In der Dunkelheit ist es umgekehrt. Die Pupille weitet sich nicht mehr, um bei nachlassender Helligkeit mehr Licht ins Auge zu lassen. Dadurch wird der Seheindruck nachts und bei Dämmerung noch dunkler als normal, was die Fähigkeit zum Autofahren nach Einbruch der Dunkelheit begrenzen kann.

Miotika gibt es in unterschiedlichen Darreichungsformen. Wässerige Tropfen sind am häufigsten, eine ölige Aufbereitung des Wirkstoffes – meist heißt er Pilocarpin – wird gern vor dem Einschlafen gegeben, da der Ölfilm länger auf dem Auge bleibt und das Medikament so auch länger, möglichst über die ganze Schlafdauer wirken kann. Den gleichen Effekt soll auch die Gelform des Pilocarpins haben.

Je nach Schweregrad des Glaukoms können Pilocarpin und die anderen Miotika in unterschiedlicher Konzentration verordnet werden, von 0,5%igen Tropfen für leichte Drucksteigerungen bis zu 4%igen in schweren Fällen. Andere gebräuchliche Miotika sind Aceclidin (unter der Markenbezeichnung Glaucotat®), Carbachol (z.B. Isopto-Carbachol®) und Eserin. Systemische Nebenwirkungen, also solche, die sich an anderen Organen als den Augen bemerkbar machen und das Allgemeinbefinden beeinträchtigen, sind bei den Miotika sehr selten. Bei Asthmapatienten kann es möglicherweise zu einer stärkeren Sekretion in den Bronchien kommen, was vom Augenarzt und vom Hausarzt aufmerksam beobachtet werden sollte.

Nachteilig kann sich die von den Miotika verursachte enge Pupille nicht nur bei berufstätigen Patienten bemerkbar machen, sondern auch bei jenen älteren Mitbürgern, die neben dem Glaukom auch noch an einer Katarakt (Grauer Star) leiden. Wenn Trübungen, besonders im Zentrum der Linsen, vorliegen, beeinträchtigen diese nachhaltiger das Sehvermögen als bei normal weiter Pupille.

2. Betablocker

Diese Wirkstoffklasse, in der Inneren Medizin bei bestimmten Herz- und Gefäßleiden schon längere Zeit bewährt, ist vor rund zwanzig Jahren in die Augenheilkunde eingeführt worden. Betablocker-haltige Augentropfen haben sich schnell die Spitzenstellung in der medikamentösen Glaukomtherapie erobert. Mit Betablocker-Tropfen werden mehr Glaukompatienten behandelt, als mit jeder anderen Medikamentengruppe. Sie wirken gut und sind meist verträglich. Bei bestimmten inneren Erkrankungen (siehe Seite 47) allerdings muß man unter Umständen auf ihre Anwendung verzichten.

Anders als die Miotika verbessern die Betablocker nicht den Abfluß des Kammerwassers, sondern mindern vielmehr dessen Produktion. Wie sie das schaffen, ist jedoch bislang nicht enträtselt worden – der genaue biochemische Wirkmechanismus kann dem Betroffenen allerdings auch herzlich egal sein, solange die Tropfen ohne größere Komplikationen das Glaukom in den Griff zu bekommen vermögen.

Betablocker sind als Augentropfen wirksam. Man muß sie nur zweimal täglich einträufeln und erreicht damit in der Regel den erhofften therapeutischen Effekt. Sie häufiger einzunehmen ist sinnlos, da mit höherer Konzentration keine zusätzliche Wirkung, sondern allenfalls ein Anstieg der normalerweise geringen systemischen Nebenwirkungen zu erzielen ist. Manchmal reicht es sogar aus, die Tropfen nur einmal täglich anzuwenden, doch kann dies nur der Augenarzt nach genauem Studium des Druckverhaltens und des übrigen Augenbefundes feststellen.

Wird ein Glaukompatient zum ersten Mal mit Betablockern behandelt, so ist der »initiale Effekt«, der Anfangserfolg der Therapie, meist überdurchschnittlich groß; Drucksenkungen um 40 % bis 50 % des Ausgangsdruckes sind möglich. Längere Zeit verabreicht, scheint sich das Auge sozusagen an die Tropfen zu gewöhnen, der Druck wird langfristig um 20 % des Ausgangswertes gesenkt, was immer noch schön ist und in vielen Fällen ausreicht, um das Auge vor den Folgen eines überhöhten Augendruckes zu schützen.

In der Regel sollte, gerade bei älteren Patienten, die Verordnung der Betablocker-Augentropfen erst erfolgen, nachdem der Hausarzt oder Internist deswegen kurz konsultiert worden ist. Es sind vor allem zwei Erkrankungen, bei denen die Präparate nicht eingesetzt werden sollten: bei Asthma und bei schweren Herzrhythmusstörungen. Auch wenn die Tropfen zu 90% und mehr am Auge wirken, so kann man doch, wie bei jedem Augenmedikament, nicht ganz sicher sein, ob nicht ein kleiner Teil der Dosis von den Blutgefäßen des Auges abtransportiert wird und im Körperkreislauf zur Entfaltung kommt. Bei entsprechend disponierten Asthmapatienten können sogar kleine Mengen dieser Medikamente einen Anfall auslösen. Am Herzen ist beim sogenannten AV-Block zweiten und dritten Grades sowie bei dekompensierter Herzinsuffizienz die Gabe von Betablockern ebenfalls kontraindiziert, da sie die Blockierung der Erregungsüberleitung im Herzmuskel verstärken können.

Auf dem Markt befindet sich eine Vielzahl von Betablockern in unterschiedlicher Dosierung; unter den Wirkstoffen ist das Timolol (z.B. Chibro-Timoptol®) das gebräuchlichste, andere sind u.a. Carteolol (z.B. Arteoptic®), Metipranolol (z.B. Betamann®), Betaxolol (Betoptima®) und Levobunolol (z.B. Vistagan®). Welches Medikament bei welchem Patienten zur Anwendung kommen sollte, entscheidet der Augenarzt nach dem individuellen Befund und nach seinen mit den verschiedenen Wirkstoffen gewonnenen Erfahrungen.

3. Andere Wirkstoffe

Können die beiden genannten Substanzgruppen, Miotika und Betablocker, aus individuellen Gründen nicht zur Anwendung kommen, so gibt es noch eine Reihe von Alternativen. Ein Verwandter des Adrenalins, das Dipivefrin (z.B. Glaucothil®), verbessert offensichtlich den Abfluß des Kammerwassers. Wie bei Adrenalin üblich, erweitert es die Blutgefäße (im Kreislauf ist das der berühmte »Adrenalinausstoß«, der uns bei Ärger oder auch freudiger Erregung »rot werden« läßt) und hat daher eine ganz typische lokale Nebenwirkung: es bewirkt dort, wo es eingetropft wird, also auf der Bindehaut des Auges, nach einer zweistündigen Gefäßverengung eine Gefäßerweiterung, das Auge sieht dann rot aus, als wäre es entzündet oder als hätte der Patient eine feucht-fröhliche Nacht hinter sich. Diese Erscheinung ist eher kosmetisch störend, fügt aber dem Auge keinen Schaden zu.

Ebenfalls aus der Inneren Medizin stammt ein anderes, zur Glaukom-Behandlung in Form von Augentropfen hergestelltes Medikament. Das Clonidin (z.B. Isoglaucon®) senkt den Blutdruck, lokal eingetropft eben aber auch den Augeninnendruck. Seine Wirkung ist so kräftig, daß auch die Augentropfen einen merklichen Blutdruckabfall bewirken. Bei Hypertonikern kann das ein durchaus erwünschter Nebeneffekt sein. Einen normalen oder gar zu niedrigen Blutdruck noch weiter zu senken, kann nicht Sinn der Therapie sein. Ist der Blutdruck nämlich zu niedrig, wird der Sehnerv beim Glaukomkranken wahrscheinlich noch dadurch zusätzlich geschädigt, daß nicht genug Blut und damit auch Sauerstoff ins Auge gelangt. Auch hier gilt: Die Therapie sollte in Zusammenarbeit mit dem Hausarzt/Internisten erfolgen.

4. Kombinationen

Senkt ein Glaukommittel allein den Druck nicht ausreichend, so kann es sinnvoll sein, eine Kombinationstherapie einzuleiten, bei der zwei oder noch mehr unterschiedliche Wirkstoffe zum Einsatz kommen. Da es den Patienten möglicherweise verwirrt, mit zwei, drei oder mehr Fläschchen zu hantieren, gibt es die wichtigsten Substanzen in Form eines Kombinationspräparates, in dem Fläschchen sind also zwei Sorten von Wirkstoffen. Die wohl sinnvollste Kombination dürfte die eines Betablockers mit einem Miotikum sein (z.B. Timpilo®, Normoglaucon®), also eines Stoffes, der die Kammerwasserproduktion senkt, mit einem anderen, der seinen Abfluß verbessert. Auf die potentiellen Nebenwirkungen ist natürlich bei der Verordnung auch hier zu achten.

5. Carboanhydrasehemmer

Die Carboanhydrasehemmer sind eine Medikamentengruppe, die die Kammerwasserproduktion drosseln und stellen das einzige wichtigere Glaukommedikament (z.B. Diamox®), das systemisch, also in Form von Tabletten gegeben wird. Seine Anwendung ist auf einige wenige Spezialfälle – z.B. um einen plötzlichen Druckanstieg akut wieder herunterzubekommen – begrenzt. Das kommt daher, weil der Wirkstoff eine Reihe von systemischen Nebenwirkungen hat. Es bringt leider den Elektrolythaushalt des Körpers durcheinander. Darunter kann die Niere leiden, unterliegt sie doch in höherem Maße der Gefahr der Nierensteinbildung, in schlimmen Fällen droht Niereninsuffizienz und das Versagen der Nebennieren. Die Patienten fühlen sich dabei oft müde und abgespannt, in den Gliedmaßen kann es zum Kribbeln oder Sensibilitätsverlust kommen. Auch Störungen der Geschmacksempfindungen, Durchfall und eine Beeinträchtigung des Blutbildes werden beobachtet.

Von diesen gravierenden Nebenwirkungen weitgehend frei, aber mit den guten drucksenkenden Eigenschaften der Carboanhydrasehemmer ausgestattet, sind die Augentropfen, die nach langjähriger Entwicklungsarbeit jetzt unter dem Handelsnamen Trusopt® auf den Markt gekommen sind. Diese neuartigen Augentropfen wirken direkt an der Stelle im Auge, die wesentlich für die Regulierung des Augeninnendrucks ist; am »Augendruckenzym«, das in der Fachsprache Carboanhydrase II heißt. Sie bremsen die Aktivität des Augendruckenzyms; dadurch sinkt der Augeninnendruck.

Da von der Therapie mit diesen Augentropfen keine Einschränkung des Sehvermögens bekannt ist, dürften diese Augentropfen insbesondere bei solchen Patienten zur Anwendung kommen, die ein zusätzliches Medikament zum Betablocker brauchen, oder bei Patienten, die Betablocker nicht vertragen.

Compliance – woran die medikamentöse Glaukomtherapie oft krankt

Wie bei jedem Medikament, ob gegen Heuschnupfen oder Rheuma, gegen Asthma oder Magenschmerzen, gibt es natürlich auch bei der Therapie des Glaukoms immer wieder Fälle, wo Medikamente, die sonst zuverlässig sind, nicht ansprechen, bei dem einen oder anderen Patienten nicht richtig wirken. Das gehört zu den Tükken der Heilkunst; in einem solchen Fall muß eine andere Therapie versucht werden.

> *»Nichteinhalten der Therapie (Non-Compliance) ist eine der häufigsten Ursachen für Therapieversagen.«*

Wesentlich häufiger und dabei das große Handicap der medikamentösen Behandlung des Grünen Stars ist jedoch etwas ganz anderes. Die Mediziner nennen es die Compliance. Darunter versteht man die Mitarbeit des Patienten, also die Frage, ob der Betroffene seine Therapie, in diesem Fall also die Einträufelung drucksenkender Augentropfen, tatsächlich so durchführt wie vom Arzt verordnet. Eigentlich sollte sich diese Frage ja gar nicht stellen: Mit den Tropfen zur Behandlung des Glaukoms kann man schließlich in den allermeisten Fällen entscheidend dazu beitragen, das Augenlicht zu erhalten. Und das sollte ja schließlich im ureigensten Interesse jedes Patienten sein.

Sollte! Doch jeder Augenarzt kann ein Lied davon singen, daß die Wirklichkeit anders aussieht. Der Prozentsatz der Patienten – das belegen immer wieder Untersuchungen und Umfragen – die sich nicht an die Therapieempfehlung halten, ist groß, viel zu groß. Was einen Menschen dazu bringen mag, mit der Gesundheit seines wichtigsten Sinnesorgans so schludrig umzugehen, entzieht sich unserer Kenntnis. Oft ist es reine Vergeßlichkeit, die Patienten nehmen ihre Augentropfen nicht zweimal täglich (oder häufiger, je nach Präparat), sondern nur, wenn sie zufällig daran denken. Vergeßlich, das sind wir alle schon mal. Um diesen Faktor soweit als möglich auszuschließen, sollte man sich angewöhnen, die Tropfen zu einer ganz bestimmten Zeit einzunehmen, Tag für Tag, Woche für Woche, Jahr für Jahr. Dies kann z.B. vor dem Aufschneiden des morgendlichen Brötchens sein, oder bei Beginn der Tagesschau. Wird die Verabreichung der Tropfen zu einer festen Gewohnheit, ist die Gefahr des Vergessens nicht mehr ganz so groß – ideal wäre es, wenn die Einnahme der Tropfen ähnlich in Fleisch und Blut übergehen würde, wie das morgendliche und abendliche Zähneputzen.

Eine noch größere Rolle als die Vergeßlichkeit dürfte aber bei dem Problem der mangelnden Compliance die Unterschätzung der Gefahr sein. Viele Menschen sind sich leider nicht bewußt, daß diese Krankheit, die nicht weh tut, ihnen in letzter Konsequenz völlig das Sehvermögen rauben kann. Und noch weniger mag es in das Bewußtsein dringen, daß dieser kleine und völlig undramatische Akt der Tropfeneinnahme dieses dramatische Schicksal verhindern kann.

Die Operation des Glaukoms

Die allermeisten Glaukomkranken können mit drucksenkenden Augentropfen erfolgreich behandelt werden. Erfolgreich heißt: der Druck wird so effektiv gesenkt, daß der Sehnerv keinen Schaden nimmt und das Gesichtsfeld keine oder – wenn schon welche bestehen – keine weiteren Ausfälle erleidet.

Doch nicht in allen Fällen kann man mit der medikamentösen Therapie der Glaukomproblematik Herr werden. Manchmal reagiert ein Auge einfach nicht mit einer ausreichenden Drucksenkung auf den eingeträufelten Wirkstoff. Manchmal ist – wie im vorhergehenden Abschnitt geschildert – leider die Motivation des Betroffenen, selbst etwas für den Erhalt seiner Sehkraft zu tun, nicht die beste. In solchen Fällen wird der betreuende Augenarzt eine Operation empfehlen. Bei diesem Eingriff sollen die anatomischen Verhältnisse am Auge so verändert werden, daß der Augendruck anschließend nicht länger zu hoch ist.

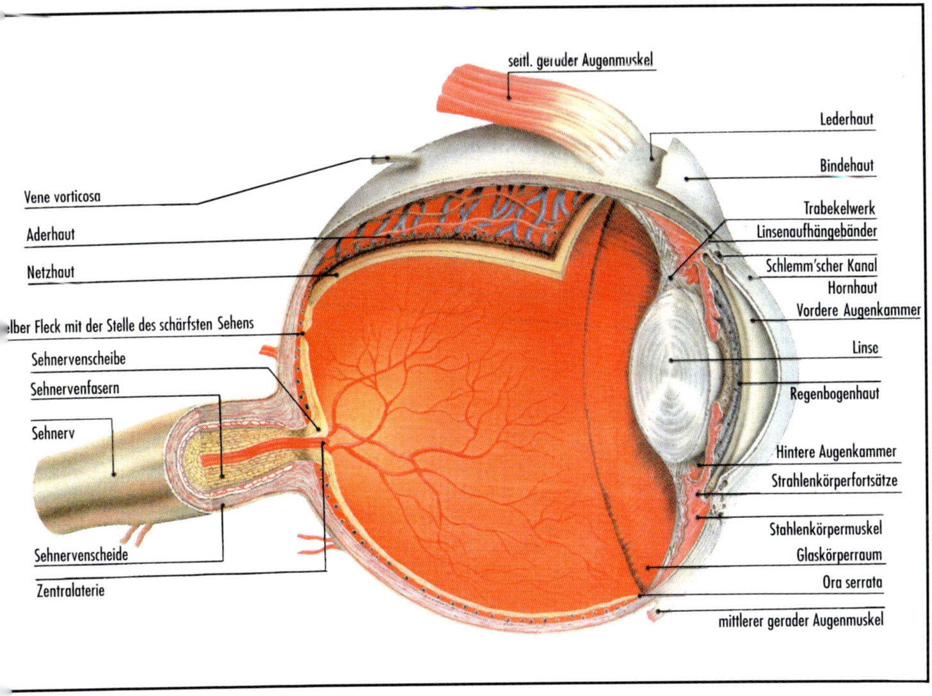

Das Auge.

Die moderne Augenchirurgie kennt eine ganze Reihe unterschiedlicher Verfahren, um ein glaukomkrankes Auge zu operieren. Bei dem eher seltenen Fall des Winkelblock-Glaukoms wird, wie bereits erwähnt, eine kleine Öffnung in die Iris gemacht, um einen Druckausgleich zwischen der Vorder- und der Hinterkammer zu bewirken. Bei der häufigen Form des Grünen Stars, dem chronischen Offenwinkel-Glaukom, wird in der Regel ein sogenannter filtrierender Eingriff vorgenommen.

Auch hier gibt es eine Reihe von Varianten, doch das Grundprinzip ist ähnlich. Oberhalb der Pupille, an einer Stelle, die normalerweise vom Oberlid bedeckt wird, wird zunächst die Bindehaut (die äußerste Hülle des Augapfels) eröffnet. Darauf wird mit einem kleinen Stanzapparat, einem Trepan, eine Öffnung in die darunterliegende Lederhaut von ein oder zwei Millimetern Durchmesser gestanzt, aus der das Kammerwasser hervortreten kann. Die Bindehaut wird über dieser kleinen Öffnung wieder verschlossen. Im Idealfall hat das Kammerwasser von nun an einen künstlichen Ausgang, der Augendruck kann nicht mehr ansteigen. Das Kammerwasser nämlich sickert nun durch die Öffnung unter die Bindehaut, die an dieser Stelle leicht aufgebläht wirkt; es entsteht das sogenannte Sickerkissen. Geht alles nach Wunsch, bleibt dieser künstliche Abfluß offen und der Druck ist, möglichst auf Lebzeiten, reguliert.

Beim heutigen medizinischen Kenntnisstand ist diese Operation für einen geschickten Operateur keine Schwierigkeit. Trotz aller Routine, darf natürlich nie vergessen werden, daß jede Operation, ob am Auge, an der Nase oder an Hämorrhoiden, ein geringes Restrisiko mit sich bringt. Wie bei jedem operativen Eingriff kann es auch bei, oder danach, zu einer Blutung oder zu einer Entzündungsreaktion kommen. Beides muß allerdings keineswegs den Operationserfolg in Frage stellen. Entzündungen kann man beispielsweise durch geeignete Augentropfen bekämpfen, eine Blutung u.U. mit einer kleinen Kanüle aus dem Auge absaugen.

Zu den speziellen, theoretisch denkbaren Komplikationen bei der Glaukomoperation gehören vor allem ein postoperativ zu niedriger Druck und ein vorzeitiger Verschluß der neuen Öffnung, des Sickerkissens. Nach Schaffung der Fistel geht der präoperativ zu hohe Druck natürlich zunächst herunter, im Laufe der Zeit sollte sich aber ein natürliches Gleichgewicht einpendeln und der Druck wieder normale Werte, z.B. zwischen 12 mm Hg und 19 mm Hg erreichen. Bleibt der Druck jedoch extrem niedrig, unter 5 mm Hg, kann das für das Auge nachteilige Konsequenzen, wie eine Abhebung der Aderhaut (die gefäßführende Schicht zwischen Netzhaut und der Hülle des Auges, der Lederhaut) haben. Wenn hingegen die neugeschaffene Öffnung wieder zuwächst oder vernarbt, ist der Operationserfolg dahin. Inzwischen stehen allerdings starke Wirkstoffe zur Verfügung, die vom Operateur während des Eingriffes auf die trepanierte Stelle getupft werden und die eine Narbenbildung verhindern.

Wie erlebt man die Operation?

Augenoperationen können heutzutage außerordentlich schonend und mit geringstmöglicher Belastung für den Patienten durchgeführt werden. Der Krankenhausaufenthalt für eine Glaukomoperation, wie für den oben geschilderten »filtrierenden« Eingriff, beträgt in der Regel nur drei oder vier Tage. Es kann allerdings günstig sein, noch ein paar Tage länger in der Klinik zu bleiben, z.B. um ganz sicher zu gehen, daß keine postoperativen Komplikationen auftreten, oder falls es Probleme mit dem Druck, vor allem einem vorübergehend zu niedrigen, gibt.

Viele Augenoperationen kann man allerdings auch ambulant durchführen; in den USA ist dies sogar die Regel, der stationäre Krankenhausaufenthalt die Ausnahme. Ob die Aussicht, direkt nach dem Eingriff wieder nach Hause fahren zu können, für den Patienten wirklich das Beste ist, darüber bestehen bei den Ärzten Meinungsunterschiede. Sicherlich ist die für die postoperative Genesung wichtige Ruhe im Krankenhaus, wo man sich um die normalen Dinge des Alltags nicht zu kümmern braucht und das Essen ans Bett gebracht bekommt, eher gegeben als im häuslichen Umfeld. Auch kann bei Komplikationen oder Beschwerden schneller ein Arzt einen Blick auf das Auge werfen, als wenn man erst seine Wohnung verlassen und vielleicht am Wochenende, einen diensthabenden Augenarzt aufsuchen muß.

Der Eingriff erfolgt bei der überwiegenden Zahl der Fälle in örtlicher Betäubung. Die beiden Spritzen, eine auf den Gesichtsnerv in Höhe des Backenknochens, die andere unterhalb des Auges, sind eigentlich das einzige Unangenehme an der ganzen Angelegenheit – darin unterscheiden sie sich nicht von der Betäubungsspritze des Zahnarztes oder jeder anderen Injektion. Danach empfindet man im Bereich des Auges nichts mehr. Wer lieber eine Vollnarkose haben möchte, kann diese natürlich problemlos bekommen. Zum Eingriff wird dann ein Anästhesist hinzugezogen. Der Patient erwacht in diesem Fall erst wieder in seinem Zimmer, wenn alles überstanden ist. Allerdings beinhaltet eine Vollnarkose natürlich ein etwas größeres Risiko im Hinblick auf den Kreislauf, so daß bei älteren Patienten die lokale Betäubung vorzuziehen ist.

Wenige Minuten nach der Injektion des Lokalanästhetikums legt sich der Patient auf die Operationsliege, sein Gesicht wird mit einem leichten Tuch abgedeckt, das eine kleine Öffnung im Bereich des zu operierenden Auges hat. Man bemerkt natürlich das Licht der OP-Lampe und hört die Geräusche des OP-Teams, hat vielleicht auch das Empfinden, das irgendetwas am Auge gemacht wird. Das Ganze sollte aber nicht als unangenehm empfunden werden. Es gibt sogar Patienten, die während der Operation eingeschlafen sind.

Nach dem Eingriff, der kaum mehr als zwanzig Minuten dauert, wird das Auge mit einem leichten Verband verschlossen, dieser kann meist am Tage danach bereits entfernt werden. Ganz wichtig: von nun an müssen regelmäßig entzündungshemmende Augentropfen eingeträufelt werden. Dies sollte meist für die nächsten zwei, drei Wochen erfolgen. Nach dem Verlassen des Krankenhauses muß der Patient engmaschig seinen Augenarzt aufsuchen, damit dieser sich vom Heilungsprozeß überzeugen kann und auch davon, ob sich der Druck nun auf dem gewünschten normalen Niveau einpendelt. Wurde der Eingriff ambulant durchgeführt, sind sogar tägliche Kontrollen beim Augenarzt ratsam.

Ein Ventil im Auge

Eine – zumindest von der Theorie her – besonders elegante Methode, den Augendruck dauerhaft zu senken, besteht im Einbau eines kleinen Ventils, aus dem das Kammerwasser austreten und der Druck somit reguliert werden kann. Solche, nur wenige Millimeter große Implantate werden seit einigen Jahren in ganz besonderen Fällen ins Auge eingebaut. Sie kommen besonders dann zur Anwendung, wenn vorhergegangene fistulierende Operationen nicht erfolgreich waren und sich die dabei geschaffene Öffnung unter der Bindehaut durch überschießende Narbenbildung wieder verschlossen hat. Diese moderne Methode der Implantateinpflanzung ist allerdings offensichtlich noch nicht ausgereift; über Probleme, wie eine Schädigung der Hornhaut und eine Abhebung der Aderhaut, wurden berichtet. Es ist jedoch eine mikrochirurgische Technik, die in den nächsten Jahren sicher noch verbessert wird, und vielleicht eines Tages eine für weite Patientenkreise brauchbare Alternative darstellen mag.

Das Auge vereisen

Man kann mit einer recht rabiat wirkenden Methode die Kammerwasserproduktion stark drosseln. Dabei wird der Ziliarkörper, in dem das Kammerwasser gebildet wird, regelrecht zerstört und zwar »thermisch«, entweder durch Hitze oder durch Kälte. Am gebräuchlichsten bei diesem Vorgehen ist die sogenannte Kryokoagulation, bei der eine kleine Kältesonde auf die Ziliarkörperegion des – natürlich betäubten – Auges aufgesetzt wird. Durch die Kälteschädigung wird das Ziliarkörpergewebe geschädigt, es produziert in diesem Bereich kein Kammerwasser mehr. Man behandelt dabei immer nur einen Quadranten, also ein Viertel des Augenumfanges, um noch eine verringerte Sekretion dieser Flüssigkeit zu ermöglichen. Der Nachteil bei diesem Verfahren ist zum einen seine schlechte Dosierbarkeit (man weiß vorher nicht um das Ausmaß der Drosselung), und zum anderen die Tatsache, daß sich das kältegeschädigte Gewebe oft sogar wieder erholt und man das Ganze gegebenenfalls wiederholen muß. Meist wendet man dieses Verfahren nur bei Augen an, die schon schwer durch das Glaukom geschädigt sind und bei denen andere Verfahren keine Hilfe gebracht haben.

Kann man durch Glaukom das Auge verlieren ?

Leider gibt es vereinzelt jene wirklich dramatischen Krankheitsbilder, bei denen das Glaukom das Auge völlig zerstört. Vielleicht haben sich nach einer Operation unbeherrschbare Komplikationen eingestellt, vielleicht ist das Glaukom zu spät behandelt worden, weil der Betroffene nicht rechtzeitig zu einer Früherkennungsuntersuchung gegangen ist. Wenn ein Auge durch das Glaukom völlig erblindet ist, alle medikamentösen und operativen Versuche der Drucksenkung fehlgeschlagen sind und der Patient dauerhaft starke Schmerzen leidet (weniger durch

Sehverlust und Erblindung führen zur Einschränkung der Lebensqualität.

den Druck selbst als durch sekundäre Schädigungen wie Reizungen und Gefäßeinwachsungen), können Arzt und Patient vor eine schwere Entscheidung gestellt werden. Ein Auge, das keinen Nutzen mehr bringt und nur noch Qualen bereitet, sollte dann, so schwer der Entschluß fallen mag, lieber entfernt werden. Damit kann dann nicht nur Beschwerdefreiheit erzielt werden, man kann dann auch sicher sein, daß das verbleibende, gesunde Auge nicht mitgeschädigt wird. Für viele Patienten zählt aber auch der kosmetische Aspekt: Ein vorgeschädigtes Auge sieht oft schlimm aus, permanent gereizt und vielleicht ständig tränend. Bei völlig zerstörten Auge kann es sogar zu einer Schrumpfung, der Phthisis des Augapfels, kommen, was für Laien geradezu erschreckend wirkt. Dieses nutzlos und quälend gewordene Auge zu entfernen und durch ein von einem darauf spezialisierten Künstler geschaffenes Kunstauge zu ersetzen, ist dann auch im Hinblick auf das Äußerliche und damit auch auf das psychische Wohlbefinden des Betroffenen eine sinnvolle Alternative.

Es muß jedoch daran erinnert werden: Diese schlimmste Konsequenz des Glaukoms ist zum Glück eine Rarität geworden. Rechtzeitig erkannt, muß es heutzutage soweit nicht mehr kommen.

Auch Laser kann helfen

Das dritte »Standbein« der Glaukomtherapie neben drucksenkenden Augentropfen und Operation, ist die Behandlung des Auges mit dem Laserstrahl. Auch hier gibt es die verschiedensten Verfahren, das gebräuchlichste ist die Laser-Trabekuloplastik, bei dem die Abflußverhältnisse im sogenannten Trabekelwerk verbessert werden, in dem man – grob gesprochen – kleine Löcher in dieses Gewebe hineinschießt.

Die Lasertherapie wird der Arzt besonders dann empfehlen, wenn es um die Compliance, die Verläßlichkeit des Patienten bei der Einnahme seiner Augenmedikamente, nicht zum Besten bestellt ist. Auch gibt es Patienten, die grundsätzlich Schwierigkeiten mit

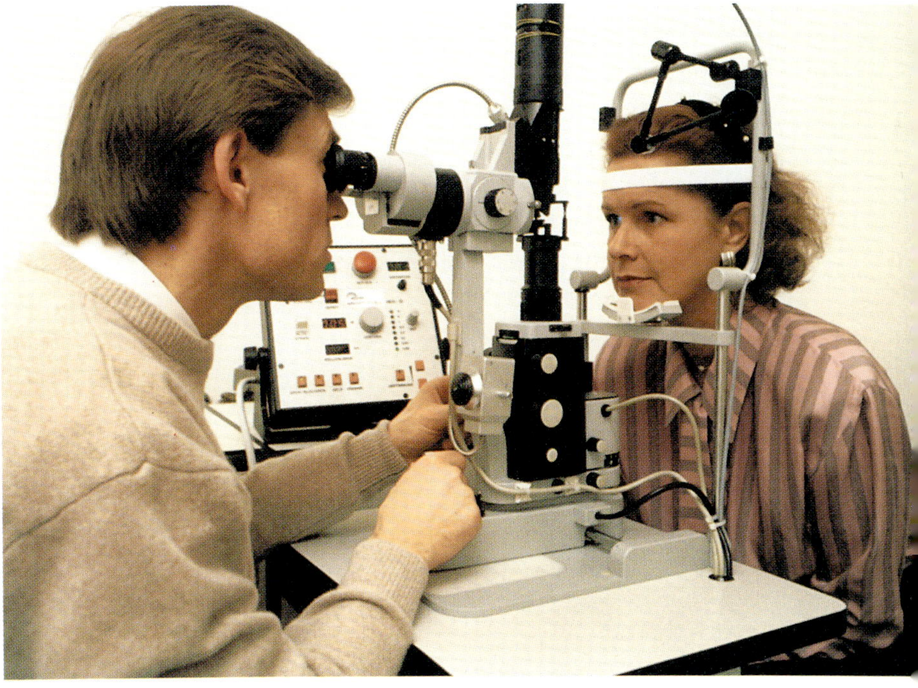

Mit Hilfe der Argonlaser-Spaltlampe, einer technisch hochentwickelten Form der Spaltlampe, kann der Augenarzt auch feinste Veränderungen im Inneren des Auges therapieren. Über ein spezielles Fiberglaskabel wird der Laserstrahl in den Strahlengang des Spaltlampenmikroskopes eingeblendet. Mit einer Laserbehandlung des Auges kann oft der Druck gesenkt werden. Allerdings ist dieser Erfolg nicht immer von Dauer.

Augentropfen haben, sei es, daß sie allergisch oder mit Reizungen auf die Medikamente reagieren, sei es, daß sie – z.B. bei heftigem Zittern der Finger – kaum in der Lage sind, sich die Tropfen ins Auge einzuträufeln.

Die Lasertherapie ist für den Patienten außerordentlich wenig belastend. Man sitzt an dem augenärztlichen Untersuchungsgerät, der Spaltlampe, und bekommt nach Einträufelung eines Tröpfchens eines Lokalanästhetikums ein Kontaktglas auf das Auge gesetzt, mit jenem identisch, das der Arzt zur Untersuchung des Augenhintergrundes benutzt. Die Laserimpulse werden als Lichtblitz wahrgenommen, es ist praktisch so, als würde man mehrmals hintereinander mit Blitzlicht fotografiert. An der ganzen Sache tut nichts weh, allenfalls empfindet man die Ausbreitung der Energie des Lasers im Auge als ein leichtes Vibrieren. Direkt nach der meist nur fünf Minuten währenden Aktion kann man nach Hause gehen.

So weit, so gut. Natürlich wäre es zu schön, um wahr zu sein, könnte man das schwierige Problem des Glaukoms auf so schonende Art für immer beheben. Der wesentliche Nachteil der Lasertrabekuloplastik liegt in ihrer nicht berauschenden Erfolgsrate. Die Statistiken, die hierüber veröffentlicht wurden, schwanken stark: einige sahen eine befriedigende Druckregulierung von über 80% zwei Jahre nach dem Eingriff, andere konnten fünf Jahre später nur noch in 38% der Fälle von einem Erfolg sprechen. Es kann also gut möglich sein, daß man auch nach der Laserbehandlung des Glaukoms weiterhin auf Medikamente angewiesen ist. Nicht wenige Augenärzte empfehlen deshalb bei jenen Patienten, bei denen die medikamentöse Therapie »ausgereizt« ist, lieber direkt einen chirurgischen Eingriff.

Andererseits: Man kann eigentlich nicht viel verlieren, wenn man es mit der Laserbehandlung versucht. Die Komplikationsrate ist recht gering. Am ehesten muß auf einen Druckanstieg direkt nach dem Eingriff geachtet werden. Durch die »Beschießung« der Iris mit dem Laser werden submikroskopisch kleine Gewebeteilchen freigesetzt, die vorübergehend die Abflußkanälchen des Kammerwassers verstopfen können. Drucksenkende Augentropfen sollten das Problem bald in den Griff bekommen.

> *❞ Der rechtzeitige Gang zum Augenarzt könnte in vielen Fällen eine Erblindung verhüten. ❝*

Alternative Methoden

In einer Zeit, in der die Medizin immer technisierter und damit häufig unpersönlicher wird, in der Berichte über Folgeschäden nach Operationen und über schwere Nebenwirkungen von Medikamenten ein Dauerbrenner in manchen Medien sind, suchen viele Menschen nach anderen Wegen, abseits dessen, was dann etwas abfällig »Schulmedizin« genannt wird (die Erfolge der verteufelten »Apparatemedizin«, z.B. die Senkung der Kindersterblichkeit auf ein niedriges Niveau, von dem unsere Großeltern nicht einmal zu träumen wagten, werden dagegen als eine nicht weiter erwähnenswerte Selbstverständlichkeit behandelt). Wie dem auch sei: In der Tat gibt es viele Erkrankungen, die mit natürlichen Methoden gut behandelt werden können – und die bei einer natürlicheren, gesunden Lebensweise möglicherweise gar nicht erst aufgetreten wären.

Ob jedoch das Glaukom eine solche Erkrankung ist, bei der alternative Methoden helfen? Propagandisten hierfür gibt es zwar – wie für praktisch jedes andere denkbare Leiden – allein der Umstand, daß die Alternativmedizin bei der Glaukom-Behandlung so außerordentlich wenig Anhänger gefunden hat, gibt gewisse Hinweise auf deren Glaubwürdigkeit. Verschiedentlich gibt es Hinweise auf eine positive Wirkung des autogenen Trainings. Ärzte, die sich damit beschäftigen, berichten von Therapieerfolgen. Einen eindeutigen Beweis, der wissenschaftlich standhaltig – also die Auswertung von Untersuchungsdaten einer größeren Patientenzahl über einen längeren Beobachtungszeitraum – wäre, gibt es jedoch auch hierfür nicht. Vielleicht ändert sich dies in absehbarer Zeit – jeder Augenarzt ist froh und dankbar, wenn im Interesse seiner Patienten etwas gefunden wird, was dieses tückische Leiden zu bekämpfen hilft.

So bleibt es letztlich eine Glaubensfrage, ob man sich naturheilkundlichen oder anderen alternativen Verfahren unterwirft. Eines muß jedoch deutlich gemacht werden: Wer an einem Glaukom leidet und eine »Therapie« mitmacht, die wirkungslos ist, wird während dieser Zeit mit hoher Wahrscheinlichkeit eine fortschreitende Schädigung seines Sehvermögens erleiden. Was durch das Glaukom einmal verlorengegangen ist, kann nicht wiedergeholt werden. Im Klartext: Wer sein Glaukom mit Methoden behandeln läßt, die ineffektiv sind, dem kann auch die Schulmedizin später nichts mehr zurückgeben, sondern nur noch einen weiteren Verfall aufzuhalten versuchen. Ob man das Risiko für das wertvollste Sinnesorgan des Menschen eingeht, muß ein jeder für sich entscheiden.

Was kann ich tun?

Viele Patienten sind verständlicherweise nicht damit zufrieden, zur Behandlung ihres Glaukoms zweimal am Tag Augentropfen einzunehmen und ansonsten den Dingen ihren Lauf zu lassen. Immer wieder wird die Frage gestellt, ob man selbst in seiner Lebensführung einen Einfluß auf die Krankheit, also auf den Schutz seines Sehnerven vor zu hohem Druck nehmen kann. Die leicht frustrierende Antwort lautet: Nach unserem Kenntnisstand kann man sein Glaukom nur außerordentlich wenig, vielleicht sogar gar nicht beeinflussen.

So wird häufig gefragt, ob man das Auge überstrapazieren und damit schädigen kann oder – umgekehrt – ob man es schonen müsse. Soll man z.B. wenig Fernsehen, wenig Lesen, viel Lesen? Es ist, so scheint es, völlig belanglos. Man kann das Glaukom nicht verschlimmern, indem man das Auge anstrengt. Natürlich kann auch das Auge, wie jedes andere Organ, müde werden, z.B. »brennen« nach stundenlangem Lesen. Doch das ist ein ganz normaler Vorgang, mit dem Glaukom hat das nichts zu tun.

Ähnliches gilt auch für die Frage nach körperlicher Betätigung oder Schonung. Es ist keine Tätigkeit als wirklich Glaukom-unterstützend erkannt worden, so daß die Empfehlung nur lauten kann, ein Leben zu führen, wie man es nach allgemeinem Empfinden als »gesund« bezeichnet. Da das Glaukom ja auch teilweise ein Problem der Sehnervendurchblutung ist, sollte man alles tun, was für eine gute Kreislaufstabilisierung notwendig ist. Sport zu treiben ist sicher empfehlenswert, ohne es zum Exzeß entarten zu lassen. Hinsichtlich des Saunabesuchs waren sich die Experten lange Zeit uneinig, glaubte man das wohlige Schwitzen als den Druck in die Höhe treibend identifiziert zu haben. Doch auch hier gilt wohl, daß aus augenärztlicher Sicht nichts dagegen einzuwenden ist, wenn man es nicht übertreibt. Bei Menschen mit niedrigem Blutdruck kann die Sauna sogar den Kreislauf anregen, was im Hinblick auf die Durchblutung des Auges nur von Vorteil sein kann.

Es dürfte wohl am besten sein, wenn man sich in Fragen der Lebensführung nicht selbst Streß macht. Man sollte das tun, wozu man Lust hat, denn ein Mensch, der sich wohlfühlt, wird bekanntermaßen seltener krank als ein Miesepeter. Vielleicht hat ein ausgeglichenes Naturell auch einen positiven Einfluß auf das Auge. Nicht umsonst raten amerikanische Augenärzte und Glaukompatienten: genießen Sie das Leben, »don't let glaucoma limit your life« – lassen Sie sich durch Glaukom nicht in Ihrer Lebensfreude einschränken.

Spielt Ernährung eine Rolle?

Auch hierauf lautet die Antwort: Offensichtlich nicht, es ist nichts bewiesen. Allenfalls das exzessive Trinken von Kaffee wird von manchen Medizinern als den Druck erhöhend angesehen. Doch auch hier ist es nur das Übermaß, das schaden kann. Gegen die morgendliche und die nachmittägliche Tasse ist nichts zu sagen.

Das Gleiche gilt natürlich auch für die anderen Nahrungs-, mehr aber noch Genußmittel, vor denen uns die Ärzte so gern warnen. Zu fett sollte man grundsätzlich nicht essen. Das Cholesterin schädigt die Blutgefäße und zusehends verkalkende Arterien sind das allerletzte, was ein unter Glaukom leidender Sehnerv brauchen kann. Einen Einfluß von Alkohol auf das Glaukom hat man ebenfalls nicht nachgewiesen. Ein Gläschen Bier oder Wein am Abend treibt den Druck mit Sicherheit nicht in die Höhe, zwei Flaschen Doppelkorn pro Tag können, über Jahre genossen, den Sehnerv vergiften (ohne daß dabei ein Zusammenhang zum Glaukom besteht). Allerdings gehen andere Organe wie Leber und Magenschleimhaut noch schneller davon kaputt, als das doch recht widerstandsfähige Auge.

Nur ein Genußmittel ist als wirklich schädigend identifiziert worden, wenngleich auch mehr allgemeiner Art als glaukomspezifisch: Nikotin. Es schadet den Blutgefäßen überall im Körper, es ist ein regelrechtes Gefäßgift. Wie an anderer Stelle schon einmal betont, sollte spätestens die Entdeckung eines Glaukoms für einen rauchenden Betroffenen der letzte Anstoß sein, diesem Gift abzuschwören.

An wen wende ich mich mit meinen Fragen und Ängsten?

Das Glaukom ist, dies wurde verschiedentlich herausgestellt, eine sehr schwierige Erkrankung, die sich bei jedem Patienten anders äußert. So individuell wie das Krankheitsbild, so individuell muß auch die Beratung sein. Deswegen hat es wenig Sinn, noch so wohlmeinende Gesundheitsratgeber bei Zeitschriften oder Institutionen der Gesundheitsaufklärung anzuschreiben. Nur einer kann wirklich fundierten Rat ge-

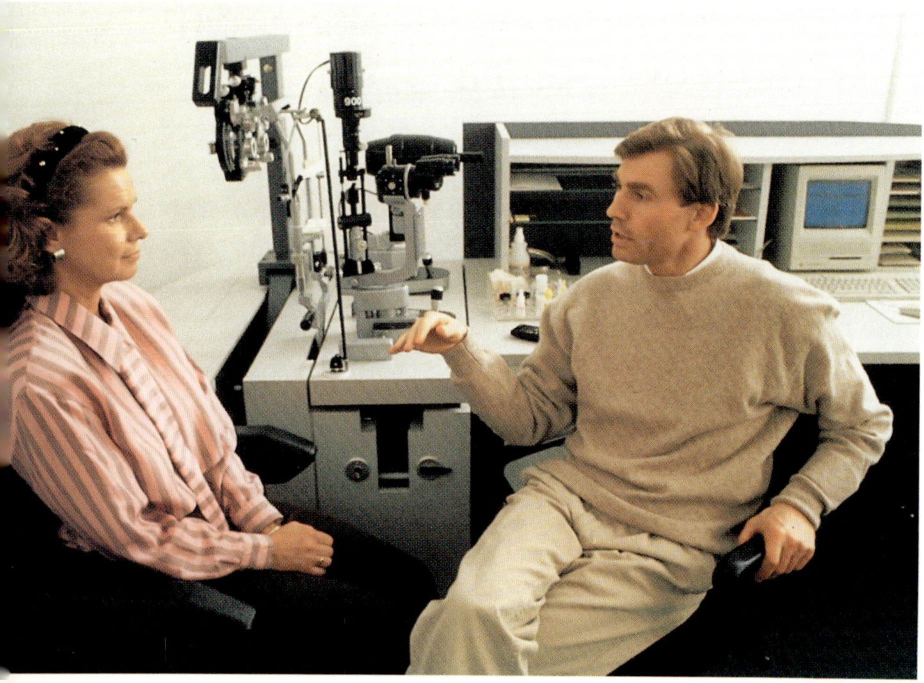

Das Gespräch zwischen Augenarzt und Patient ist trotz modernster Untersuchungsgeräte noch immer die wichtigste Grundlage jeder Diagnose und Therapie.

ben und jene Ängste nehmen, die jeder an einer chronischen Krankheit Leidende natürlich hat: Der betreuende Augenarzt, der mit seinen Untersuchungen alle Facetten des ganz individuellen Krankheitsbildes erfaßt, in ihrer Bedeutung einzuschätzen weiß und aufgrund seiner Erfahrung seine Schlüsse daraus ziehen kann. Er allein ist der Vertrauenspartner für jeden Glaukompatienten, er kann den Weg weisen, um mit dieser Krankheit zu leben, ohne Schaden zunehmen.

III. Kleines medizinisches Kompendium der Ophthalmologie

Akkommodation	– Naheinstellung des Auges
Astigmatismus	– Stabsichtigkeit
Chorioidea	– Aderhaut
Dioptrie	– Einheit der Brechkraft
Diabetische Retinopathie	– Netzhauterkrankung als Komplikation bei Diabetes mellitus
Fundus	– Augenhintergrund
Glaukom	– Grüner Star
Hyperopie	– Weitsichtigkeit
Iris	– Regenbogenhaut
Iritis	– Entzündung der Regenbogenhaut
Katarakt	– Grauer Star
Keratitis	– Entzündung der Hornhaut
Konjunktiva	– Bindehaut
Konjunktivitis	– Entzündung der Bindehaut
Kornea	– Hornhaut
Laserkoagulation	– Behandlung von Netzhautveränderungen mit Hilfe eines Laserstrahls
Lichtkoagulation	– Behandlung von Netzhautveränderungen mit Hilfe eines Lichtstrahls
Makula (lutea)	– Gelber Fleck, Stelle des schärfsten Sehens
Makulopathie	– Veränderung der Makula mit fortschreitenden Sehstörungen
Myopie	– Kurzsichtigkeit

Ophthalmologie	– Augenheilkunde
Papille	– Blinder Fleck, Austrittsstelle des Sehnerven am Augenhintergrund
Photorezeptoren	– Sinnes- oder Sehzellen der Netzhaut
Presbyopie	– Altersweitsichtigkeit
Pupille	– Runde Öffnung in der Mitte der Regenbogenhaut
Retina	– Netzhaut
Retinitis	– Entzündung der Netzhaut
Sklera	– Lederhaut
Strabismus	– Schielen

Kontaktadressen

1] Initiativkreis zur Glaukom-Früherkennung e. V.
Dr. Dr. R. Gerste
Deutzer Freiheit 68
D-50679 Köln

2] Komitee zur Verhütung von Blindheit
W. Bauer
Helen-Keller-Straße 5
D-97209 Veitshörchheim

3] Initiative »Augen zum Augenarzt«
CHIBRET
Lindenplatz 1
D-85540 Haar

4] Initiativgruppe Früherkennung diabetische Retinopathie
Prof. Dr. med. P. Kroll
Universitäts-Augenklinik
Robert-Koch-Straße 4
D-35037 Marburg

5] Sehbehinderten-Ambulanz
Augenklinik der Universität München
Frau Dr. Rittweger
Mathildenstraße 8
D-80336 München

6] Schau, Schau - Pressebüro fürs Auge
Helga Braz
Finkenstraße 13
D-82110 Germering

7] Initiative Sehnot
Finkenstraße 13
D-82110 Germering